SUEZ

HISTOIRE
DE LA JONCTION DES DEUX MERS

DU MÊME AUTEUR :

LA VIE POLITIQUE EN PROVINCE. (*Etude sur G. Bordillon, suivi d'un choix de ses lettres*). — Un volume grand in-18 jésus.

425. — Abbeville, Imp. Briez, C. Paillart et Retaux.

SUEZ

HISTOIRE
DE
LA JONCTION DES DEUX MERS

PAR

ÉLIE SORIN

« Le canal de la mer Rouge deviendra la base du droit public des nations. »

(*Le sultan Mustapha*, III).

PARIS
P. BRUNET, LIBRAIRE-ÉDITEUR
31, RUE BONAPARTE, 31
1870

A

Monsieur ED. MOLL

Architecte

HOMMAGE DE RESPECTUEUSE AFFECTION

ÉLIE SORIN.

L'Histoire raconte les crises violentes : elle retrace le tableau des nations qui s'entre-choquent : elle redit les noms des conquérants et les noms des batailles ; à plus juste titre, elle doit se souvenir des grandes luttes paisibles et enregistrer les efforts que font les hommes pour se rapprocher et pour progresser en commun.

Ce livre n'est pas un livre de science, quoiqu'il ait pour but de faire connaître l'une des œuvres les plus prodigieuses que le génie scientifique ait jamais accomplies ; mais, s'il n'est pas nécessaire d'être général pour apprécier l'énergie déployée et les résultats obtenus dans une campagne militaire, il n'est pas nécessaire non plus d'être ingénieur pour juger à sa pleine valeur une gigantesque entreprise de l'industrie humaine et pour comprendre ce que lui devra la civilisation.

L'ouverture du canal de Suez sera probablement par ses résultats le plus grand événement du dix-neuvième siècle : une révolution complète dans les voies du commerce maritime ; les plus lointains trajets subitement abrégés ; une route directe et rapide substituée à de sinueux et lents parcours ; les nations les plus étrangères les unes aux autres mises en contact presque immédiat, — voilà dès aujourd'hui un fait accompli : les conséquences ne se feront pas attendre.

Exposer dans un court récit quels travaux ont amené ce fait immense ; dire quels hommes en ont eu l'intelligente initiative ; tel est le but des pages qui vont suivre : elles essaieront de faire comprendre que l'heure est venue où les chemins s'ouvrent, pour que, d'un bout à l'autre du monde, les peuples se rencontrent dans une union fraternelle.

SUEZ

HISTOIRE DE LA JONCTION DES DEUX MERS

CHAPITRE PREMIER

LE CANAL DE SUEZ DANS L'ANTIQUITÉ ET AU MOYEN-AGE

Jetez les yeux sur un globe terrestre ou sur un planisphère: vous y verrez la terre partagée en deux vastes continents : la mer permet d'en parcourir facilement les côtes, du Nord au Sud et du Sud au Nord : d'un pôle à l'autre la navigation peut explorer, sans rencontrer de digue qui l'arrête, le bassin de l'Atlantique et le bassin du Pacifique ; mais si elle se porte de l'Ouest à l'Est ou de l'Est à l'Ouest, un double mur entrave son circuit : d'un côté l'isthme de Suez, de l'autre l'isthme de Panama. Elle n'a pu jusqu'aujourd'hui que tourner ces obstacles en franchissant le cap de Bonne-Espérance et le cap Horn.

Le jour où Vasco de Gama s'avança au delà de la pointe méridionale de l'Afrique, le jour où Magellan dépassa le sud extrême de l'Amérique et pénétra dans l'Océan Pacifique, le problème de la circumnavigation du globe fut résolu, mais d'une façon bien imparfaite, si nous l'apprécions au point de vue des communications qui créent la vie du commerce et sa prospérité.

Pourtant, il a fallu se contenter de cet ordre de choses pendant trois siècles : des deux barrières qu'il suffisait d'ouvrir pour enlacer le monde en un cercle de flottes rapides, l'une vient seulement de disparaître ; l'autre demeure encore, quoique destinée à tomber à son tour.

Si le besoin d'abattre les murailles naturelles, qui enserrent notre monde, se fait sentir à nous, modernes, il est facile de comprendre qu'il dut préoccuper au moins aussi vivement les anciens plus à l'étroit en un continent dont les limites leur étaient mal connues et forcés de maintenir leurs flottes dans le bassin d'une *mer intérieure.*

La Méditerranée, il est vrai, était par le détroit des colonnes d'Hercule ouverte sur l'Océan; mais l'Océan, cette mer immense, semblait formidable : en dépit des traditions qui leur faisaient entrevoir l'Atlantide au sein de ses larges flots, ni les marins de Tyr, ni ceux de la Grèce, ni ceux de Rome, ne lançaient leurs proues sur ces vagues que devaient sillonner les caravelles de Colomb.

A l'autre extrémité du lac méditerranéen, la barrière de l'isthme de Péluse, que nous appellions hier encore l'isthme de Suez, arrêtait leurs vaisseaux et leur interdisait l'accès de la mer Rouge. Pourtant, c'est du côté de cette mer qu'ils tentèrent leurs plus grandes expéditions maritimes, parce que de ce côté était la route de l'Inde.

L'isthme de Péluse dominait à la fois les eaux de la Méditerranée et celles du golfe Arabique; il était la chaussée où passaient les caravanes, qui, de Syrie, de Palestine et d'Arabie venaient en Égypte : position importante entre toutes, il ne pouvait manquer d'éveiller les préoccupations du peuple le plus savant et le plus industrieux des âges reculés.

« Les Égyptiens, dit Bossuet, avaient l'esprit inventif et ils le tournaient aux choses utiles : » il est donc tout simple qu'une de leurs pensées ait été de mettre à profit l'admirable situation de leur pays, pour faire de lui la grande voie et l'entrepôt du commerce entre les deux mers.

L'existence d'un canal creusé pendant l'antiquité et unissant la mer Méditerranée à la mer Rouge est incontestable : les historiens l'attestent. On en a retrouvé les traces; il répondait à l'un des plus impérieux besoins du commerce d'alors.

Il fallait, en effet, pour aller dans l'Inde, un chemin plus sûr que la route de terre à travers l'Asie ; car l'Inde, rêve de tous les conquérants de l'antiquité, comme elle a été le rêve du plus illustre des conquérants modernes, enrichissait dès lors les nations qui, en dépit de la distance et des difficultés, osaient et savaient se mettre en contact avec elle.

D'où provenaient les trésors entassés dans les palais des Pharaons ? de l'Inde ; — d'où Tyr et Sidon, tiraient-elles leur opulence? de l'Inde;— d'où Salomon faisait-il venir ces merveilles qui ont laissé un éblouissement dans l'imagination des peuples orientaux? de l'Inde; — et c'est vers l'Inde qu'à travers la mer Rouge voguaient ses flottes magnifiques.

S'il est facile, grâce aux historiens, de prouver l'existence d'un canal antique entre les deux mers et même d'en retrouver le parcours, il n'est guère possible de préciser la date de sa création et de déterminer quel prince ordonna de le creuser.

Strabon attribue à Sésostris l'initiative de cette grande entreprise; ce serait vers l'année 1490 avant l'ère chrétienne que les premiers travaux auraient été commencés. D'après Hérodote, il faudrait reporter à Néchao ou Nécos (630 av. J.-C.) la gloire d'avoir inauguré ce travail ; suivant Diodore de Sicile, Darius Ier (490) aurait continué l'œuvre interrompue et enfin Ptolémée l'aurait achevée en 277.

L'historien Pline prétend que ce prince poussa le canal jusqu'aux *Lacs Amers*, mais qu'il ne le creusa pas au delà.

On peut affirmer avec certitude que, sous les premiers Lagides, le canal fut achevé, et, contrairement à l'opinion de Pline, qu'il se prolongeait jusqu'à la mer Rouge.

Strabon, Hérodote, Aristote, Diodore de Sicile et Pline le naturaliste s'accordent sur un point. Ils disent tous, qu'à plusieurs époques, on suspendit les travaux du canal par suite des objections que soulevait la science de ces temps reculés : on croyait que les eaux du golfe arabique mises en contact avec celles du Nil les rendraient salées et impropres aux besoins alimentaires ; on croyait surtout que le niveau de la mer Rouge étant supérieur à celui de la Méditerranée, fatalement la jonction de ces deux bassins entraînerait un cataclysme. Une tradition assurait que l'espace occupé par la Méditerranée n'avait été inondé qu'après la rupture d'un isthme qui barrait naguère le détroit des Colonnes d'Hercule : il était donc logique de soutenir qu'en supprimant la barrière de Péluse, on exposait les contrées voisines à un redoutable désastre.

Diodore, en nous disant que Ptolémée II joignit les deux mers, n'oublie pas d'ajouter que ce prince prit soin, par un système d'écluses, de prévenir le brusque débordement des flots.

Nous verrons, quand nous étudierons l'œuvre accomplie par M. de Lesseps, que nos ingénieurs contemporains ont eu, sur ce point, à combattre les objections et à résoudre le problème, dont se préoccupaient les ingénieurs de l'antiquité.

Le tracé de la voie maritime creusée par la vieille Égypte était différent de celui qu'on a fait suivre au moderne canal de Suez.

Tout le monde sait que le *Delta* du Nil se composait dans les temps anciens de sept bouches qui déchargeaient leurs eaux dans la Méditerranée. L'une des branches du fleuve, celle qui était la plus rapprochée de l'isthme et qu'on appelait la *branche Pélusiaque* semblait un canal d'avance creusé par la nature: on en profita : elle permettait aux navires de s'avancer jusqu'au point où nous trouvons aujourd'hui Zagazig et où était autrefois Bubaste : de là, un premier embranchement artificiel la rejoignait aux *Lacs Amers*, qui, eux-mêmes, communiquaient avec la mer Rouge par un travail de main d'homme.

Nous aurons l'occasion de dire quels motifs

ont tour à tour fait hésiter, pour la jonction des deux mers, entre le trajet indirect par le Nil et le trajet immédiat, qui a été définitivement adopté.

Les Pharaons et les Ptolémées, en ouvrant le canal, avaient ouvert une route nouvelle à la civilisation du monde antique et ils avaient créé pour l'Égypte une source de fécondité au milieu du désert ; bientôt cette œuvre bienfaisante devait disparaître sous la négligence du despotisme ou la violence de conquêtes successives.

Dès le temps de Cléopâtre, le canal de Ptolémée était ensablé ; les communications directes n'étaient plus possibles entre la Méditerranée et la mer Rouge.

« .... Antoine le triumvir, dit Plutarque, estant arrivé à Alexandrie peu de temps après la bataille d'Actium, trouva Cléopâtre occupée à une entreprise capable de l'étonner ; (il y a un bien petit espace désert qui sépare les deux mers et fait la division de l'Afrique et de l'Asie).

Cléopâtre entreprenait et taschait de faire enlever ses navires de l'une mer, (la Méditerranée,) et de les faire charrier dans l'autre pardessus l'isthme; et après que ses navires seraient descendus dans ce golfe d'Arabie, d'emporter tout son or et son argent, et de s'en aller habiter quelque terre sur l'Océan, lointaine de la mer Méditerranée, pour échapper aux dangers de la guerre et de la servitude. » *(Traduction d'Amyot.)*

Ce texte prouve clairement qu'à cette époque le canal entre les deux mers n'existait plus, ou du moins que le transit à travers ses eaux était momentanément interrompu [1].

Il faut, pendant la domination romaine, que deux princes intelligents, Trajan et Adrien, apportent remède au mal ; jusqu'au sixième siècle la voie maritime de Suez est entretenue par les

[1] « On peut, dit M. Marius Fontane, dans une remarquable brochure sur l'*Histoire du canal de Suez*, attribuer ce fait à la non-alimentation possible de ce canal primitif par les eaux du Nil, trop basses à ce moment pour s'y déverser.

empereurs ; puis, elle disparaît de nouveau, en attendant que la conquête arabe essaie de la faire servir à ses propres intérêts.

Au septième siècle, Amrou, lieutenant d'Omar, s'est emparé de l'Égypte, et il désensable le canal pour faire passer dans l'Arabie les blés de cette terre fertile: le canal s'appelle alors *Canal du prince des Fidèles.* Mais la domination des arabes, un instant favorable à la jonction des deux mers, devait bientôt lui être funeste.

Il a toujours été dans la destinée du *Canal de Suez* d'éveiller les jalouses inquiétudes de la politique : au temps de Nécos, un oracle disait à ce Pharaon : « Tu ouvres un chemin aux barbares, » au temps d'Amrou, les Égyptiens s'écriaient qu'on les ruinait au profit de l'Arabie; au huitième siècle après J.-C. le Kalife Abou-Jafaz-el Manzor détruisait définitivement le canal pour arrêter le revolté Mohammed-ben-Ali-Thabeb ; jusqu'à notre époque les calculs de l'intérêt ignorant et mesquin ont entravé cette route plus que les sables mêmes du désert ; et, alors que

M. de Lesseps avait déjà donné le premier coup de pioche pour renouveler cette œuvre civilisatrice, Dieu sait ! quelles honteuses intrigues, quelles déloyales manœuvres, quels arguments fourbes et misérables se sont dressés sur son chemin !

Les obstacles que la nature place au-devant des hommes sont peu de chose auprès de ceux qu'ils se créent eux-mêmes : six mois suffirent à Amrou pour rétablir la communication entre les deux mers ; dix siècles, depuis lors, se sont écoulés avant qu'on ait rendu au monde cette voie détruite par l'insouciance et les criminels conflits de la politique.

Les kalifes souhaitaient surtout de reporter la voie du commerce vers Bagdad, Bassora et le golfe Persique : le passage de Suez contrariait leurs projets: on conçoit qu'ils aient laissé périr l'œuvre restaurée par Amrou.

Cependant le trafic de la Méditerranée représenté surtout par Gênes et Venise continuait encore de se diriger vers l'Égypte comme vers la porte naturelle de l'Orient; mais l'invasion turque, inquiète et exclusive, força définitivement la marine européenne de renoncer à cette route.

Le seizième siècle, si fécond en grandes idées et en grandes choses, a été une époque fatale au transit de Suez. Si les Turcs barraient cette voie, les privilégiés des récentes découvertes étaient encore plus qu'eux jaloux de la faire disparaître.

Albuquerque avait profité pour le Portugal et pour lui-même de la nouvelle route par le Cap. Rejeter définitivement vers l'Océan le mouvement maritime, qui jusqu'alors s'était maintenu dans la Méditerranée et assurer ainsi la suprématie de son pays, tel était le rêve de ce conquérant : l'Égypte avait été et pouvait être encore la grande route du monde, — Albuquerque méditait de la ruiner.

Il se souvenait du mot d'Hérodote : *l'Égypte est un présent du Nil*; — en détournant le cours de ce fleuve, en le refoulant dans la mer Rouge, Albuquerque prétendait transformer en désert les fécondes régions du Delta : dès lors une barrière infranchissable se fût étendue sur ce sol destiné par la nature à servir de trait d'union entre les peuples : c'en eût été fait du commerce de Byzance et des républiques Italiennes.

Mais Albuquerque, en dépit de son génie, ne comprenait pas que certains problèmes ont leur solution en dehors de la politique accidentelle, si raffinée qu'elle soit dans ses calculs ; une question qui touche aux intérêts de l'humanité entière ne succombe pas sous le caprice d'une volonté individuelle : elle reparaît à son heure, et si alors elle ne semble soutenue que par la volonté d'un seul, n'importe ! elle triomphe, car au fond, elle s'appuie sur la raison et le sentiment de tous.

NOTES DU CHAPITRE PREMIER

NOTE, page 10

EXTRAIT D'HÉRODOTE

(Livre II. — *Euterpe*)

Nécos, fils de Psammitichus succéda à son père. C'est lui qui le premier entreprit de faire communiquer le Nil à la mer Érythrée par un canal qu'il commença, et que Darius, roi des Perses, fit creuser une seconde fois; sa longueur est de quatre jours de navigation, et sa largeur telle que deux trirèmes peuvent y passer en ramant. L'eau qui l'alimente provient du Nil, d'où elle est dérivée un peu au dessous de Bubaste, près de la ville arabe appelée Patunios; ce canal se jette dans la mer Érythrée, et prend naissance dans la partie de la plaine d'Égypte attenante à l'Arabie, située à l'opposite de Memphis, et contiguë à la montagne dans laquelle sont les carrières.

A partir du pied de cette montagne le canal est creusé pendant un assez long espace dans la direction du Couchant à l'Orient, puis il suit les contours des vallées; et, après s'être dégagé de la montagne, il s'avance au Midi pour se jeter dans le golfe Arabique.

La route la plus courte et la plus directe de la mer du Nord à celle du Midi, que l'on nomme aussi mer Érythrée, n'est exactement à partir du mont Cassius, qui sépare l'Égypte de la Syrie, jusqu'au golfe Arabique que de mille stades; mais cette distance est beaucoup plus grande par le canal à cause de ses nombreuses sinuosités.

Lorsque ces travaux furent entamés sous le règne de Nécos, cent-vingt mille ouvriers égyptiens y périrent; et l'entreprise était à peine à moitié quand le roi fit cesser de creuser, arrêté par un oracle qui lui déclara: « qu'il travaillait pour un Barbare. » Les Égyptiens appellent Barbares tous ceux qui ne parlent pas leur langue.

Nécos ayant renoncé à ce grand ouvrage se tourna du côté des expéditions militaires. Il fit faire des vaisseaux, tant sur la mer du Nord que sur le golfe Arabique de la mer Érythrée; et l'on voit encore la trace des chantiers où ils furent construits. Ces vaisseaux lui formèrent une marine dont il se servit pour l'exécution de ses projets.

(*Traduction de Miot*).

NOTE, page 14

Extrait d'Aristote

Un prince ordonna de percer cet *isthme* parce qu'un passage ouvert en ce lieu eût été pour lui d'un grand avantage; dans l'antiquité, Sésostris fut le premier, dit-on, qui tenta cet ouvrage : Darius renonça à poursuivre cette entreprise dans la crainte que l'invasion de l'eau de la mer ne corrompît celle du fleuve.

(*Météorologie.* — Livre I, chapitre XIV, § 27).

NOTE, page 14

EXTRAIT DE DIODORE DE SICILE

(Livre I)

On a tiré de la branche Pélusiaque un canal creusé à force de bras, qui se rend dans le golfe Persique et la mer Rouge. Il fut entrepris par Nécos, fils de Psammitichus qui y fit travailler le premier ; ensuite continué par Darius, roi des Perses, qui fit faire quelques progrès à ces travaux, mais qui les laissa incomplets, lorsqu'on l'eut averti que si l'isthme était percé, toute l'Égygte serait inondée, le niveau de la mer Rouge étant plus élevé que le sol de l'Égypte. Enfin Ptolémée, second du nom, y mit la dernière main, et imagina de faire construire sur ce canal un ouvrage d'art pour ralentir les eaux ; on l'ouvrait à volonté quand on voulait naviguer en avant ; on le fermait ensuite, et l'usage a justifié cette construction. On a donné aux eaux qui coulent dans ce canal le nom de *Fleuve de Ptolémée,* du roi qui fit creuser ce grand ouvrage ; la ville d'Arsinoé est à son embouchure.

(*Traduction de Miot*).

NOTE, page 10

Extrait de PLINE LE NATURALISTE

(Livre VI, chap. xxxiii. — *Hist. naturelle*)

Maintenant, suivons la côte opposée à la côte Arabique... Après le golfe Œtanitique est un autre golfe que les Arabes appellent Æatan, où est la ville d'Héroum. Il y a aussi entre les Nèles et les Marchades, la ville de Cambyse, où ce prince établit les malades de son armée. Puis, viennent la nation des Tyres, le port de Danéon.

Le projet de conduire de là un canal navigable jusqu'au Nil, à l'endroit où il descend dans le Delta, dans l'intervalle de 62,000 pas qui sépare le fleuve de la mer Rouge, ce projet, dis-je, a été conçu par Sésostris, roi d'Égypte, puis par Darius, roi de Perse ; enfin par le second Ptolémée (*Av. J.-C.* 285-246) qui fit creuser un canal de 100 pieds de large, de 40 pieds de profondeur, de 37,500 pas de long jusqu'aux *Sources amères*; il ne le continua pas plus loin par la crainte de l'inondation, car on découvrit que le niveau de la mer Rouge est de trois coudées au dessus du sol de l'Égypte ; d'autres n'attribuent pas à cette crainte l'interruption du travail ; mais ils disent que l'on eût peur que l'introduction de l'eau de la mer ne gâtât l'eau du Nil, qui seule sert à la boisson. Néanmoins, tout ce trajet depuis la mer d'Égypte se fait par terre : il y a trois itinéraires : l'un part de Péluse, et traverse les sables, où l'on ne peut retrouver son chemin qu'à l'aide de roseaux fixés en terre, à cause que les vents effacent la trace des pas. Un second commence à 2,000 pas au delà du mont Cassius, et rejoint au bout de 6,000 pas la route de Péluse. Les Arabes Antéens habitent sur ce trajet. Le troisième, part de Gerrhum qu'on appelle Saus-Soif, traverse le pays des mêmes Arabes et est plus court de 60,000 pas ; mais il franchit d'âpres montagnes et est pauvre en eau. Toutes ces routes aboutissent à Arsinoé, fondée dans le golfe de Charanda sous le nom de sa sœur, par Ptolémée-Philadelphe, qui, le premier, explora la Troglodytique, et qui appela *Ptolémée* un fleuve passant à Arsinoé.

(*Traduction de Littré*).

NOTE, page 21

EXTRAIT D'EL-MAKRYSY

« Canal du Prince des fidèles.

« Ce canal a été creusé par un ancien roi d'Égypte pour Hadjar (Agar), mère d'Ismaël, lorsqu'elle demeurait à La Mecque. Dans la suite des temps, il fut creusé une seconde fois par un des rois grecs qui régnèrent en Égypte après la mort d'Alexandre.

« Lorsque le Très-Haut accorda l'islamisme aux hommes et que Amrou-ben-el-A'ss fit la conquête de l'Égypte, ce général, d'après l'ordre d'Omar-ben-el-Khaththâb, prince des fidèles, s'occupa de faire recreuser le canal dans l'année de la mortalité. Il le conduisit jusqu'à la mer de Kolzoum, d'où les vaisseaux se rendaient dans l'Hedjaz, l'Yémen et l'Inde. On y passa jusqu'à l'époque où Mohammed-ben-Abdallah-ben-Hasan se révolta dans la ville du prophète (Médine) contre Abou-Djafar-Abdoullah-ben-Mohammed-el-Mansour, alors calife de l'Irak. Ce souverain écrivit à son lieutenant en Égypte pour lui ordonner de combler le canal afin qu'il ne s'en servît point pour transporter des provisions à Médine. Cet ordre fut exécuté et toute communication interrompue avec la mer de Kolsoum. Les choses sont restées dans l'état où nous les voyons aujourd'hui. »

NOTE, page 19

EXTRAIT DE SCHEMS-EDDIN

« Ce fut sous le règne d'un ancien roi d'Égypte appelé Tarsis-ben-Malia, qu'Abraham vint en Égypte. Le canal aboutissait à la ville de Kolsoum et les eaux du Nil se déchargeaient en ce lieu dans la mer salée. Les vaisseaux chargés de grains descendaient par ce canal dans le golfe Arabique. Omar fit nettoyer et recreuser ce canal, et on le nomma depuis ce temps Canal du Prince des Fidèles. Il demeura en cet état pendant cent-cinquante ans, jusqu'au règne du calife Abasside Abou-Djafar el-Mansour (l'an 159 de l'hégire, 775 ans après J.-C.) qui fit fermer l'embouchure de ce canal dans la mer de Kolzoum. »

NOTE, page 10

EXTRAIT D'ALFERGAN

« Le fleuve Trajan qui passait à la Babylone d'Égypte, comme le dit en termes précis Ptolémée, est le même qui fut appelé plus tard le Canal du Prince des Fidèles, et qui coule le long de Fostat (vieux Caire), car Omar, comme il est dit dans l'histoire de la guerre d'Égypte, ordonna que ce canal fut rouvert, à l'effet de transporter des vivres à Médine et à La Mecque, qui étaient désolées par la famine. »

Le calife Omar-ben-el-Kaththâb écrivit à Amrou-ben-el-Ass une lettre ainsi conçue :

« Au rebelle, fils du rebelle. Tandis que toi, tes compagnons, vous vous engraissez, vous ne vous inquiétez point si moi et les miens nous maigrissons. Donne-nous du secours ; au secours !

« Je suis à toi, répondit Amrou ; je t'envoie un convoi de bêtes de somme, dont la première sera chez toi quand la dernière ne sera pas encore partie : *j'espère en outre trouver un moyen de transport par mer*.

Mais Amrou ne tarda pas a se repentir d'avoir donné cette dernière idée, parce qu'on lui fit observer qu'il était possible de dévaster l'Égypte et de la transférer à Médine. Aussitôt il écrivit qu'il avait réfléchi *sur le transport par mer*, et qu'il y trouvait des difficultés insurmontables.

Omar lui répondit : « J'ai reçu la lettre par laquelle tu cherches à éluder l'exécution du projet conçu dans la précédente. J'en jure par le Tout-Puissant, ou tu l'exécuteras, ou je te chasserai par les oreilles et j'en enverrai un qui l'exécutera. »

Amrou vit bien qu'il avait désobéi à Omar *et il s'occupa à l'instant même du canal.* Omar lui enjoignit de ne pas négliger de lui envoyer de tous les comestibles, des vêtements, des lentilles, des oignons et des bestiaux : en un mot de tout ce qui se trouvait en Égypte.

NOTE, page 21

Elkendi, dans son ouvrage, *Aldjeud-el-Moghreby*, dit que le canal fut creusé en l'an 23 de l'hégire (643 de l'ère chrétienne) et terminé en six mois, de manière que les vaisseaux purent se rendre dans l'Hedjaz.

(*La Turquie et l'Égypte*, brochure par M. Ferdinand de Lesseps).

CHAPITRE II

LE CANAL DE SUEZ DANS LES TEMPS MODERNES

Nous sommes parvenus à l'époque moderne : le projet conçu dans les temps antiques va reparaître, et, durant deux siècles, préoccuper les hommes qui, par la pensée ou par l'action, s'efforcent de régir les destinées du monde ; les précurseurs immédiats du canal de Suez sont Leibnitz, Bonaparte et les Saint-Simoniens.

Louis XIV se préparait à envahir la Hollande lorsque Leibnitz lui adressa le mémoire célèbre connu sous le titre de *Consilium Ægyptiacum*.

Quel fut le but réel du philosophe de Leipsick

en rédigeant ce travail : il est difficile de le préciser. Leibnitz, à l'heure où le roi de France menaçait un pays de liberté intellectuelle et politique, tentait de lui faire entrevoir ailleurs un but offert à son ambition. Voulait-il ainsi sauver la Hollande par une adroite diversion, ou souhaitait-il surtout de régénérer l'Orient par les armes de la France, cette question n'est pas complétement éclaircie pour nous ; mais il est certain que ce génie paisible s'est efforcé d'inspirer à Louis XIV le projet que réalisa un instant le génie belliqueux de Bonaparte.

La conquête de l'Égypte devait, suivant Leibnitz, rendre à l'Europe la véritable route de l'Orient ; ce grand homme faisait bon marché des égoïstes préoccupations qui poussaient Alburquerque et les Portugais à reporter vers l'Atlantique tout le mouvement maritime : il disait loyalement : « L'isthme principal du monde est l'isthme de Suez qui sépare les plus grandes mers, l'Océan et la Méditerranée, qu'on ne saurait éviter sans faire le tour des sinuosités de toute l'Afrique. C'est le lien, la barrière, la clef, la seule entrée possible de deux parties du monde, l'Asie et l'Afrique. C'est le point de contact commun de l'Inde d'une part; de l'Europe de l'autre. Je conviens que l'isthme de Panama, en Amérique, pourrait rivaliser avec lui, si cette partie du monde était aussi fertile et si les autres richesses lui étaient prodiguées avec la même abondance... »

Le canal de Panama se présente naturellement à la pensée de Leibnitz comme le corollaire du canal de Suez : en effet, l'une de ces voies ne peut être ouverte sans que l'autre s'ouvre, à moins que le monde ne soit assez inconséquent pour laisser une impasse devant sa porte la plus magnifique.

Leibnitz, en s'adressant à Louis XIV, n'oubliait pas que ce prince ne pouvait en un instant se désister de ses projets contre la Hollande; aussi lui montrait-il vers l'Orient, cette nation plus facile à vaincre dans ses possessions de l'Inde que sur les bords du Zuyderzée.

Quand Bonaparte conduisit en Égypte les régiments de la République française, il s'écriait : « Soldats, vous êtes une des ailes de l'armée d'Angleterre ! » Louis XIV eût pu lancer au bord du Nil ses troupes en leur disant : « Vous êtes une des ailes de l'armée de Hollande ! »

Au dix-huitième siècle, le sultan Mustapha III comprenait l'importance de Suez et l'histoire se souvient de ses paroles : « Une position si heureuse devrait dicter des lois immuables, et le canal de la mer Rouge deviendrait la base du droit public des nations. »

Celui dont le génie domine cette époque, Voltaire, ne pouvait passer sous silence une pareille question : il la rappelle d'un mot précis et ferme dans son *Essai sur les mœurs* : « L'entreprise de renouveler en Égypte l'ancien canal creusé par les rois et rétabli ensuite par Trajan, et de rejoindre ainsi le Nil à la mer Rouge, est digne des siècles les plus éclairés. »

Bonaparte est en Égypte. Il médite de renouveler les conquêtes d'Alexandre à travers l'Asie : il ruinera ainsi la puissance anglaise et enlacera le monde en prenant pour point de départ Constantinople et pour but les rives du Gange.

Cette pensée fut certainement la plus hardie conception de son esprit ambitieux : elle l'a préoccupé toute sa vie ; après avoir quitté l'Égypte, il essayait en l'année 1800, de former une alliance avec l'empereur Paul Ier pour envahir les Indes par la route de terre ; plus tard, quand il entreprenait la funeste campagne de Russie, c'était encore la conquête des Indes qu'il entrevoyait comme résultat suprême de cette téméraire entreprise ; et enfin, dans les jours de Sainte-Hélène, il s'écriait avec amertume : « Maître de Saint-Jean d'Acre, j'aurais atteint Constantinople et les Indes et changé la face du monde ! »

Une grandiose expédition et une suite de victoires pouvaient lui assurer un triomphe passager ; mais il comprenait que la guerre seule ne suffirait pas à réaliser de façon durable son vaste projet. Maître de l'Inde, il fallait qu'il abrégeât le chemin qui conduit à ce pays et qu'il entraînât le commerce dans une nouvelle voie. Bonaparte avait pris l'Égypte pour première étape dans sa course à travers le monde : il ne pouvait manquer de planter à Suez un des jalons de son itinéraire.

Il voulut visiter lui-même l'isthme et rechercher en compagnie des savants qu'il avait amenés les traces du canal des Pharaons. Son excursion rapide, fut marquée par des épisodes qui ont une poésie légendaire.

« Un jour, dit le duc de Rovigo dans ses *Mémoires*, Bonaparte en se rendant à Suez pour examiner le moyen d'unir le Nil à la mer Rouge, faillit périr presque au même lieu où avait été engloutie l'armée de Pharaon. La mer était basse ; après quelque temps on s'égara. La nuit était venue, on ne savait de quel côté on marchait ; les flots commençaient à monter.

et les cavaliers qui étaient en tête crièrent que leurs chevaux nageaient. Bonaparte sauva tout le monde par un de ces moyens qui paraissent très-simples, mais que trouve seulement un esprit qui ne s'étonne de rien.

« Il s'établit le centre d'un cercle et fit ranger autour de lui, sur plusieurs hommes de profondeur, tous ceux qui partageaient le danger avec lui, et en numérotant tous ceux qui composaient le premier cercle en dehors. Il les fit ensuite marcher en avant, en suivant chacun la direction dans laquelle ils étaient, et en les faisant suivre successivement par d'autres cavaliers à dix pas de distance dans la même direction. Lorsque le cheval de l'homme qui était en tête d'une de ces colonnes perdait pied, c'est-à-dire qu'il nageait, Bonaparte le rappelait sur le centre ainsi que tous ceux qui le suivaient et il leur faisait reprendre la direction d'une autre colonne à la tête de laquelle on n'avait pas encore perdu pied. Les rayons qui avaient été lancés dans des directions où ils avaient perdu pied, avaient tous été retirés successivement pour être mis à la suite de celui où on ne l'avait pas perdu. On retrouva ainsi le bon chemin, et l'on arriva à Suez à minuit, ayant de l'eau jusqu'au poitrail des chevaux, et dans cette partie de la côte la marée monte à vingt-deux pieds. On avait été fort inquiet de ne pas le voir arriver avant l'heure de la marée, et lui-même s'estima fort heureux de s'en être tiré ainsi. »

Dans cette même excursion Bonaparte visita les ruines de Péluse ; les soldats de son escorte succombaient sous la chaleur: chacun n'écoutait que sa propre souffrance et ne se préoccupait que de lui-même : on n'avait plus souci ni des officiers, ni des généraux ; — pourtant, il fut accordé au conquérant, par privilége, de s'asseoir à l'ombre d'un débris de porte : « On me faisait là, a dit depuis Napoléon, une immense concession. »

Or, tandis que le vainqueur des Pyramides se reposait sous cet abri improvisé, il fouillait le sol de son pied impatient ; parmi le sable remué, il vit apparaître un superbe camée antique : cette pierre représentait une tête de de l'empereur Auguste. Quel mirage dut alors passer dans son âme, plus ardent et plus fascinant que le mirage du désert !

Mais en dépit de cette vision d'empire et de domination universelle, il ne fut pas donné à Bonaparte de réaliser en Égypte l'œuvre qui lui eût laissé l'honneur d'avoir réuni le monde par la paix après l'avoir remué par la guerre : le canal de Suez ne s'ouvrit pas devant son impérieuse volonté, sans doute parce que cette voie réservée par la providence à l'affranchissement du monde fût alors devenue l'instrument de son asservissement.

On a dit avec raison en comparant le projet de Leibnitz à celui de Napoléon : « Leibnitz montrait du doigt l'Orient à Louis XIV pour détourner le flot envahisseur de sa puissance et en faire le libérateur et le civilisateur de ces contrées barbares. Bonaparte regardait l'Orient pour y trouver un nouvel appui pour ses rêves de conquêtes trop tôt réalisés et ses aspirations à dominer l'Europe. Le conquérant accomplissait le rêve du philosophe, mais, par une fatalité de la conquête, il faisait sortir la servitude d'où l'autre attendait la liberté[1]. »

Des tentatives de Bonaparte pour rouvrir la voie maritime de Suez, il n'est sorti aucun résultat efficace, si ce n'est cependant le beau mémoire publié sous son instigation par l'ingénieur Lepère : cet ouvrage a décidé, il y a trente ans environ, la vocation de M. de Lesseps.

La terre d'Égypte était destinée à voir après les tentatives d'une conquête armée les efforts d'une conquête purement philosophique et scientifique.

Ce n'est pas le moins curieux épisode de l'histoire du Canal de Suez que l'exploration

[1] Foucher de Careil. — *Introduction* à la traduction du *Consilium Ægyptiacum*.

accomplie dans l'isthme, par les apôtres de la doctrine Saint-Simonienne.

Enfantin, comme Bonaparte, tournait ses regards vers l'Orient et croyait avec raison que de ce côté était la clef du monde. Il traçait à son disciple Barrault, dans un style assez étrange un programme vague, mais plein de foi dans l'accomplissement d'une œuvre intelligente et féconde.

« Aujourd'hui, je sens que c'est ma face POLITIQUE que je dois d'abord montrer à l'Orient.

« J'ai foi que tu le sens aussi.

« Pensant donc que tu communies encore aussi étroitement avec *moi*, je t'envoie ceux de nos livres que je désire voir répandre d'abord sur cette côte de la Méditerranée qui regarde la vieille Europe.

« Et je vais te communiquer mon désir que tu accompliras SI TU LE SENS; dans tous les cas, tu n'en useras qu'avec la discrétion que tu dois sentir nécessaire.

« C'est à nous de faire

« Entre l'antique Égypte et la vieille Judée,
« Une des deux nouvelles routes d'Europe
« Vers l'Inde et la Chine,
« Plus tard nous percerons aussi l'autre
« A Panama.
« Nous poserons donc un pied sur le Nil,
« L'autre sur Jérusalem,
« Notre main droite s'étendra sur la Mecque.
« Notre bras gauche couvrira Rome
« Et s'appuiera encore sur Paris.
« Suez
« Est le centre de notre vie de travail,
« Là nous ferons l'acte
« Que le monde attend.
« Pour confesser que nous sommes
« Mâles.

. . . .

« Tu ferais bien de diriger sur SUEZ, Prat comme ingénieur, Marchereau et Alix comme dessinateurs, pour qu'ils se joignent à Cayal et Decharmes, SI TU LE SENS AINSI.

« J'aurai avec moi Fournel et Lambert, Hoart et Bruneau et d'autres ingénieurs encore et peut-être aussi quelques travailleurs.

« Et je veux en janvier prochain[1],

« Lorsque sera écoulée notre grande année,

« Faire d'Orient un appel à la France,

« Elle y répondra

« Et Dieu nous enverra, je l'espère,

« La Mère avec elle.

« Alors tu partiras pour le Nouveau-Monde,

« Touchant à son midi et à son nord

« Et, saluant en passant avec ton URBAIN

« L'île où se sont affranchis les noirs,

« Puis, revenant m'attendre ou nous attendre

« A Panama. »

Enfantin comme Leibnitz ne sépare pas la question de Panama de celle de Suez ; car, le canal de la mer Rouge n'aura pas d'issue, on

[1] Cette lettre était écrite dans le courant de 1833.

peut l'affirmer hardiment, s'il ne trouve un débouché à travers l'Amérique centrale.

Les Saint-Simoniens s'efforcèrent de faire adopter à Méhémet-Ali leur projet pour la jonction des deux-mers ; mais ce prince méditait une autre entreprise colossale à laquelle les disciples d'Enfantin durent s'associer.

Laissons parler Enfantin lui-même ; en 1834 il écrivait à Hoart et à Bruneau : « Le pacha a conçu le vaste projet de barrer le Nil à la naissance des deux branches de Rosette et Damiette, afin d'avoir en tout temps, même aux époques des plus basses eaux, une hauteur pour les eaux d'*irrigation* presque égale à celle des moments d'inondation et cela sans interrompre la *navigation* ; or la crue du Nil est de vingt-deux à vingt-trois pieds, et sa largeur, dans les basses eaux, est de trois cents à quatre cents mètres environ : jugez !

« Comme les nobles *volontaires* qui s'attachaient aux armées dans les grandes campagnes, nous recevrons la tente, les rations et les armes; nous savons vivre en soldats...

« A l'extrémité du Delta, à la naissance des deux branches de Rosette et de Damiette, près du barrage, le siége d'une immense ville se fonde, le pacha l'espère, l'ingénieur l'a annoncé dans ses plans, et les Arabes, qui dans leur langue pompeuse nomment l'Égypte la Mère du monde, verront sa capitale marcher sur le fleuve et se transporter (comme on l'a déjà fait de Memphis ici,) jusqu'au siége que notre main lui prépare.

« Et voilà mon atelier d'architecture où nous aurons pour maîtres nos souvenirs d'Occident, le goût des Arabes et nos inspirations d'avenir. Là nos formes nouvelles se dessineront et s'élèveront en face des vieilles pyramides, comme nos idées se sont dressées, par la presse et dans le livre nouveau, au dessus de Paris la savante.

« Et, toujours devant nos yeux les deux mers, l'isthme que nous percerons dès que nous aurons détrempé ses terres et nivelé ses sables avec les premières eaux dont nous le couvrirons en élevant de nos mains l'urne du fleuve.

« Car le travail pour lequel je vous appelle est la préparation de la grande œuvre de Suez.

« Et plus loin encore Panama. »

Il se mêlait plus d'une utopie aux projets des Saint-Simoniens sur l'Égypte: esprits rigoureusement absolus, et par-là même quelquefois étroits, ils crurent faire acte de civilisation et de progrès en proposant à Méhémet-Ali de jeter dans le Nil une des fameuses Pyramides pour accomplir le barrage. Heureusement, la sagesse du prince ou le hasard des circonstances arrêta cette profanation des vestiges de l'histoire. L'Égypte moderne eut peut-être gagné quelques millions à ce sacrifice, mais, à cette heure surtout où elle est appelée à prendre rang parmi les nations les plus civilisées, peut-il lui être indifférent de garder les reliques de son passé et en quelque sorte les titres de son antique prestige sur le monde ?

NOTES DU CHAPITRE II

NOTE, page 37

« *Samedi, 10 février* 1816. — Aujourd'hui, l'Empereur a lu dans l'*Encyclopédie Britannique*, l'article du Nil dont il prenait occasionnellement quelques notes pour ses dictées au grand maréchal. Il s'y est trouvé une citation dont jadis j'avais entretenu l'Empereur, qu'il avait jusque-là regardée comme absurde. Le grand Albuquerque proposait au roi de Portugal de détourner le Nil, avant son entrée dans la mer Rouge, ce qui eût rendu l'Égypte un désert impraticable et consacré le cap de Bonne-Espérance pour la route unique du grand commerce des Indes. Bruce ne croit pas cette gigantesque idée entièrement impossible, elle frappait singulièrement l'Empereur. »

(*Mémorial de Sainte-Hélène*).

NOTE, page 37

« . . . .

«... La longue route de Russie, dit Napoléon, comme dans l'exaltation d'un rêve, cette longue route est la route de l'Inde. Alexandre était parti d'aussi loin que Moscou, pour atteindre le Gange. Je me le suis dit depuis Saint-Jean-d'Acre. Sans le corsaire anglais et l'émigré français qui dirigèrent le feu des Turcs, et qui joints à la peste me firent abandonner le siége, j'aurais achevé de conquérir une moitié de l'Asie et j'aurais pris l'Europe à revers, pour revenir chercher les trônes de France et d'Italie. Aujourd'hui, c'est d'une extrémité de l'Europe qu'il me faut reprendre à revers l'Asie, pour y atteindre l'Angleterre. Vous savez la mission du général Gardanne et celle de Jaubert en Perse ; rien de considérable n'en est apparu ; mais j'ai là une carte et l'état des populations à traverser pour aller d'Érivan et de Tiflis jusqu'aux possessions anglaises dans l'Inde.

C'est une campagne peut-être moins rude que celle qui nous attend sous trois mois. Moscou est à trois mille kilomètres de Paris ; et il y a bien quelques batailles en travers de la route. Supposez Moscou pris, la Russie abattue, le Czar réconcilié ou mort de quelque complot de palais, peut-être un trône nouveau et dépendant ; et dites-moi, si pour une grande armée de Français et d'auxiliaires partis de Tiflis, il n'y a pas accès possible jusqu'au Gange, qu'il suffit de toucher d'une épée française, pour faire tomber dans toute l'Inde cet échafaudage de grandeur mercantile. Ce serait l'expédition gigantesque, j'en conviens, mais exécutable du dix-neuvième siècle. Par là, du même coup, la France aurait conquis l'indépendance de l'Occident et la liberté des mers. »

(Villemain. — *Souvenirs contemporains d'histoire et de littérature.*)

CHAPITRE III

FERDINAND DE LESSEPS

En 1831, un élève consul envoyé en Égypte par le gouvernement français, subissait dans la rade d'Alexandrie les ennuis de la quarantaine.

Pour employer ces longues journées de repos forcé, il lisait le grand ouvrage sur l'Égypte publié d'après les documents recueillis pendant l'expédition de Bonaparte [1]. Un mémoire surtout dans cette savante collection frappa son es-

[1] *Description de l'Égypte ou recueil des observations et des recherches qui ont été faites en Égypte pendant l'expédition de l'armée française.*

prit : il fut saisi d'une sorte de révélation en étudiant le travail de l'ingénieur Lepère sur le percement de l'isthme de Suez ; — ce jeune diplomate était le vicomte Ferdinand de Lesseps : il venait d'entrevoir pour la première fois le but de sa vie.

M. Ferdinand de Lesseps est né à Versailles le 19 novembre 1805. Il semble qu'il ait reçu par héritage le don de mener à bonne fin les entreprises hardies et compliquées. Son père, Matthieu de Lesseps, fut longtemps consul de France en Égypte, dans le Maroc, en Espagne; son oncle Barthélemy de Lesseps suivit Lapeyrouse dans son grand voyage de circumnavigation : il fut de tous les compagnons de l'infortuné navigateur le seul qui revit la France.

Il quitta au Kamchatka les navires de Lapeyrouse et revint en traîneau à travers l'Asie jusqu'à Saint-Pétersbourg, rapportant les documents qui nous sont restés de cette grande expédition. Lesseps mit deux ans à effectuer son retour ; le récit de ses aventures est l'une des plus étranges odyssées de l'histoire des voyages.

Avec de pareils souvenirs de famille, le jeune Ferdinand de Lesseps devait volontiers se sentir porté aux nobles entreprises ; mais, entre le premier rêve du grand projet qu'il était appelé à réaliser et son plein accomplissement, bien des années s'écoulèrent.

Ferdinand de Lesseps, préoccupé d'une idée fixe, fut longtemps forcé par les circonstances de se borner à d'autres travaux et de poursuivre exclusivement sa carrière diplomatique. Elle fut glorieuse pour lui.

Dès l'année 1834, il se rendait populaire dans ce pays d'Égypte où plus tard son nom devait être enveloppé de tant de prestige. La peste ravageait alors Alexandrie et en quelques mois enlevait le tiers de la population : M. de Lesseps était consul dans cette ville ; lui, qui rêvait comme Bonaparte la jonction des deux mers, il eut plus d'une fois l'occasion de rappeler en face du fléau l'acte courageux de Jaffa.

C'est à Barcelone, en 1842, que nous retrouvons encore à titre de consul M. Ferdinand de Lesseps. On se souvient du bombardement terrible qui réprima l'insurrection de cette ville : pendant treize heures les projectiles tuèrent les hommes et renversèrent les monuments. Au milieu de ce désastre M. de Lesseps aidé du capitaine Gastier, commandant le navire *Le Méléagre* s'efforçait de mettre à l'abri du danger tous les Français, tous les étrangers et même, sans distinction de parti, les Espagnols mêlés à ce sanglant conflit. On le vit sauver des insurgés et protéger avec le même dévoûment la femme et les enfants de Van-Halen qui commandait le feu de la citadelle.

Quelques jours plus tard un négociant, sauvé par lui, écrivait cette lettre au rédacteur du *Sud*, journal de Marseille :

Marseille, le 19 décembre 1842.

« Monsieur,

« Je suis arrivé de Barcelone, plein d'admiration et de reconnaissance pour la conduite tenue pendant les événements de cette ville par M. de Lesseps, consul de France, et depuis quatre jours, je reçois des lettres de plusieurs de mes amis de la même ville, me priant au nom d'un grand nombre de nos compatriotes de rendre public un sentiment qu'ils partagent avec moi. C'est à M. de Lesseps que nous reconnaissons devoir notre salut ; c'est lui qui pendant quinze jours a veillé sur nous et sur la ville entière : nous l'avons tous vu courir au milieu des bombes et des boulets, tantôt pour aller arracher des victimes à la mort, tantôt pour porter aux combattants des paroles de paix.

Pendant plusieurs jours, ses énergiques protestations et le respect qu'inspire un beau caractère ont suspendu le bombardement dont nous étions menacés, et quand ce dernier malheur lui a paru inévitable, c'est lui qui a frété pour le compte du gouvernement, les navires nécessaires pour mettre à couvert tous ses compatriotes; c'est lui qui pendant six heures de nuit, par un froid rigoureux, a veillé sur notre embarquement et en a dirigé les moindres détails. Madame de Lesseps et ses jeunes enfants n'ont été embarqués qu'après nous; M. de Lesseps lui-même n'est monté à bord que le dernier de tous... »

« T. ROLLAND. »

Les Français résidant à Barcelone s'associèrent unanimement à cet hommage : ils firent frapper une médaille en l'honneur du courageux consul; la Chambre de Commerce de Marseille lui vota une adresse de remerciments; celle de Barcelone voulut avoir son buste en marbre : l'évêque de la ville se joignit publiquement à cette manifestation de reconnaissance.

Le gouvernement français qui avait accordé la croix de chevalier de la Légion d'honneur à M. de Lesseps après la peste d'Alexandrie lui décerna la croix d'officier après le bombardement de Barcelone.

La République de 1848 envoya le diplomate à Rome : il y jugea favorablement les hommes et les choses de la République romaine ; l'expédition de 1849, contraire à la politique dont il s'était fait l'interprète, détermina sa retraite. Dès lors, M. de Lesseps n'appartint plus aux affaires internationales, il appartint exclusivement aux affaires de l'humanité.

A la fin de l'année 1854 le prince Mohammed Saïd succédait sur le trône d'Égypte au vice-roi Abbas-Pacha. Le nouveau souverain avait connu M. de Lesseps, alors que celui-ci débutait, à Alexandrie, dans la carrière diplomatique.

Mohammed-Saïd avait l'intelligence et le cœur

élevés. Sous la direction d'un français, M. Kœnig-Bey, il s'était formé aux études et à l'esprit de l'Europe : il débuta dans son pouvoir nouveau par un acte de reconnaissance tout simple, mais vraiment grand : en accordant à son ancien maître le titre de *Secrétaire de ses Commandements*, il lui écrivait cette lettre : « J'ai retenu de vos leçons que les Parisiens assiégés par Henri IV et réduits aux dernières extrémités de la faim, lui envoyèrent son précepteur comme la seule personne capable de toucher son cœur, et d'obtenir pour eux le passage de quelques vivres. Je fais mon profit de ce souvenir que je vous dois; venez auprès de moi pour servir mon gouvernement après m'avoir instruit. »

Le prince qui tenait ce noble langage se connaissait en hommes; il n'oubliait aucun de ceux que les circonstances lui avaient donné l'occasion d'apprécier : il se souvint de ce jeune consul qui avait autrefois été son ami et il invita M. Ferdinand de Lesseps à revenir le visiter.

M. de Lesseps l'a raconté lui-même : c'est dans cette entrevue que la création du moderne canal de Suez fut décidée. Le vice-roi et son hôte parcouraient ensemble le désert Lybique. Le passé et l'avenir de l'Égypte faisaient l'objet de leurs entretiens : ils parlèrent de la jonction des deux mers, et sur la demande de Mohammed-Saïd, M. de Lesseps rédigea au camp de Maréa un mémoire qui était le résumé de la question.

Ce travail était en partie inspiré par celui de Lepère, dont la lecture, vingt-trois ans auparavant, avait si fortement frappé l'esprit du consul d'Alexandrie; mais, avec une netteté de vues toute personnelle, M. de Lesseps se prononçait à la fois sur le problème de l'exécution matérielle du canal et sur ses conséquences politiques.

Il repoussait l'idée de reprendre l'ancien tracé par le Nil et se décidait pour le tracé direct d'une mer à l'autre; puis, appréciant la cause des diverses nations, il s'efforçait d'établir que cette œuvre ne pouvait léser aucune d'elles, ni dans ses intérêts universels, ni dans ses intérêts particuliers.

Le but suprême qu'entrevoyait M. de Lesseps c'était, pour tous les peuples du globe, un résultat supérieur à un simple profit commercial si grand que pût être ce profit; c'était, par dessus tout, la réalisation d'une haute pensée philantropique bien digne de faire réfléchir ceux qui rêvent l'union fraternelle du monde entier. Dans son esprit, la création du canal entraîne la neutralisation de l'Égypte : les peuples s'accordent forcément pour respecter cette voie commune à tous; la paix nécessaire sort de cette communauté d'intérêts.

« Nous savons, écrivait encore récemment M. de Lesseps [1], que jamais l'Angleterre et la France ne pourraient se mettre d'accord sur la possession de l'Égypte par l'une d'elles. Mais

[1] *La Turquie et l'Égypte*; brochure.

quelle différence de sécurité si, de nationale entre ces deux puissances, la question devenait européenne ; si par la possession d'une route neutralisée entre les deux plus opulentes mers du globe, l'Égypte sous la suzeraineté du sultan, rendait solidaires de sa situation l'Autriche par la prospérité de l'Adriatique et le développement de son commerce maritime ; l'Italie et la France par leurs ports de la Méditerranée ; l'Angleterre par ses communications avec l'Inde et l'Australie ; la Russie par ses ports de la mer Noire et la communication maritime des grands fleuves qui y débouchent avec ses établissements de l'Amour ; l'Espagne par ses possessions coloniales et son littoral méditerranéen ; la Hollande par ses intérêts à Sumatra, à Java et à Bornéo ; les États-Unis d'Amérique par une abréviation de 3,000 lieues pour leurs ports de l'Océan Atlantique dans leur navigation vers l'Océan Indien ! »

Mohammed-Saïd avait compris M. de Lesseps : le 30 novembre 1854 il signait l'acte de concession du canal. Cette date mérite d'être retenue comme l'une des plus mémorables de l'histoire du monde.

Dès lors, la vie de M. de Lesseps devient un véritable prodige d'énergie et d'activité. Cet homme, déjà parvenu à l'âge où la pleine maturité fait éprouver le besoin du repos, semble recommencer sa carrière avec un élan juvénile. Qu'on réfléchisse un instant à cette tâche écrasante : il faut que le promoteur du projet de Suez rende intelligible à tous l'idée qu'il a mûrie depuis longtemps ; il faut qu'il la dégage de toute apparence d'utopie ; puis, il ne suffit pas qu'il fasse applaudir la hardiesse de l'entreprise, il importe surtout que la sympathie une fois provoquée se traduise par des actes, — il s'agit en un mot de rassembler d'énormes capitaux. Le public se montre confiant : il répond à l'appel qui lui est adressé.

Mais déjà, voici les jalouses inquiétudes de la politique qui surgissent et menacent d'entraver à jamais l'œuvre à peine ébauchée. L'Angleterre, inquiète à la vue de cette route nouvelle destinée à transformer le transit des Indes, intrigue, menace, trouble les esprits.

C'est à l'opinion que M. de Lesseps a demandé aide tout d'abord, c'est encore à l'opinion qu'il aura recours pour renverser les obstacles soulevés par l'étroite raison de certains hommes d'état. Ainsi qu'il ose lutter contre le désert, il ose lutter contre le préjugé hostile : ainsi qu'il saura se frayer une voie à travers les sables, il sait s'en frayer une à travers les malveillances, les déloyautés, les trames sourdement ourdies. Pendant quinze ans, en dépit de ses immenses travaux, il parcourt la France, l'Angleterre, l'Europe, partout provoquant des réunions où, simplement, éloquemment, il fait comprendre son but : à ceux qui lui disent que son œuvre est impossible, il répond. « Mon œuvre avance ! » et enfin, le jour est venu où il a pu dire : « Mon œuvre est faite ! »

Diplomate et orateur quand il s'agit de défendre

en Europe son projet, M. de Lesseps est, dans l'isthme, le chef infatigable qui encourage par son exemple et domine par son irrésistible ascendant le peuple d'ouvriers rassemblés sous ses ordres.

Il va sans cesse de Paris à Suez, traverse et retraverse la Méditerranée, sans plus se soucier de ce long trajet que s'il passait directement de son cabinet d'études au chantier de ses travaux. Un jour le choléra éclate dans l'isthme ; la mer le sépare du danger, M. de Lesseps franchit la mer, et, comme un général, court se placer à la tête de son armée en péril.

Grande figure que celle de cet homme qui a su par la ténacité du caractère et la foi dans une idée, rallier à sa cause l'esprit public, vaincre l'hostilité des politiques égoïstes, accomplir au profit de l'humanité tout entière une de ces conquêtes pour lesquelles il semble qu'elle devrait se lever d'elle-même, mais qui ne se réalisent cependant qu'autant que, de loin en loin, la destinée suscite le génie d'un initiateur !

Peut-être n'est-il pas indifférent de noter en passant quelques détails intimes sur celui qui s'est donné cette mission extraordinaire : un portrait explique parfois une intelligence et un caractère.

M. de Lesseps est diplomate, ingénieur, orateur, homme d'action en même temps que penseur et homme d'étude. Sa physionomie révèle ses multiples qualités : le front un peu fuyant indique la tendance à l'imagination, aux hardies conceptions qui tiennent du rêve ; mais le reste du visage révèle une fermeté et une précision de volonté qui prouve que le rêve peut se réaliser : le nez est fortement arqué, indice de l'énergie militante : les yeux petits, noirs, étincellent et leur regard exprime la finesse sans que la franchise en soit exclue : la chevelure et les moustaches blanches donnent à l'ensemble de cette tête un aspect martial.

La simplicité domine dans le langage et dans les gestes de M. de Lesseps : devant un nombreux public ou dans un entretien intime, il arrive toujours droit au but, en termes concis, nets, disant ce qu'il veut dire comme un homme qui a autre chose à faire que de se prodiguer en vaines paroles. Son éloquence consiste surtout dans le naturel avec lequel il exprime de grandes choses : l'auditoire est saisi par ce contraste: M. de Lesseps provoque les applaudissements avec un mot, avec un chiffre. Il a remué en France et en Angleterre des milliers d'hommes par la seule éloquence de l'exactitude : il y a des questions qui passionnent d'autant plus qu'elles sont traitées avec plus de vérité.

Mais, c'est en Égypte surtout, au milieu du désert de Suez que la supériorité de M. de Lesseps se fait sentir à ceux qui l'entourent. Le diplomate, le président d'une grande compagnie industrielle, le *conférencier* de Paris et de Londres, là, se transforme : ce n'est plus l'Européen, c'est le chef de tribu oriental, ayant je ne sais quoi de fatidique qui s'impose à l'esprit des populations étonnées : il y a en lui du prophète: il semble marcher en avant parce que *c'est écrit*; — et on le suit !

Les Arabes ont pour lui un culte superstitieux : quand ils le voient passer enveloppé d'un burnous et monté sur son dromadaire blanc, bête presque fantastique, il leur semble qu'Allah a suscité cet homme pour les mener vers une conquête qu'ils ne comprennent qu'à demi , mais dont ils parlent avec étonnement sous leurs tentes. Qu'ils lèvent les yeux ces fils d'Abraham et d'Ismaël ! et si, le soir, comme leurs aïeux, en regardant les étoiles ils rêvent de races immenses se confondant en un commun et universel rayonnement, ils peuvent se dire que les temps sont proches, car l'homme venu d'Occident l'a proclamé : « Le monde est ouvert : les nations vont s'embrasser... *Aperire terram et dare pacem gentibus !* »

NOTE DU CHAPITRE III

NOTE, page 63

Un poète, M. Henri de Bornier, a retracé en beaux vers cette entrevue de Mohammed-Saïd et de M. de Lesseps [1].

Le désert ! L'horizon d'une morne rougeur,
Prison sans murs qui marche avec le voyageur !
Point d'arbres, un sol noir, quelque vautour qui plane,
L'hyène qui, de loin, guette la caravane,
Et parfois le simoun, horrible et furieux,
Soulevant l'océan des sables jusqu'aux cieux !
Ici rien n'aime l'homme, et rien ne le redoute,
Rien ne distrait les yeux, rien ne charme la route.
Cependant, en ce lieu fatal et désolé
L'homme régnait jadis... Il s'en est exilé !
Mais on retrouve encor, sous la ronce et le sable,
D'un travail merveilleux la trace ineffaçable,

[1] *L'Isthme de Suez*, poème couronné par l'Académie française.

Et dans le lit abandonné, souvent,
Le pâtre Lybien vient s'abriter du vent.

Ces deux hommes qni vont dans cette solitude,
Quels sont-ils? — L'un est jeune et de noble attitude,
Sérieux, attentif comme son compagnon ;
Il gouverne l'Égypte, et Saïd est son nom.
L'autre, sur qui les ans ont pesé davantage,
A la douce énergie et le calme d'un sage ;
On sent qu'il est de ceux qui ne reculent pas,
Et qui marchent au but sans dévier d'un pas ;
De Lesseps ! nom qu'attend, au bout de la carrière,
La gloire impartiale ainsi que la lumière !

Le Prince était pensif, et le Français lui dit :

« Les héros, les vainqueurs que la foule applaudit
Sont bientôt oubliés s'ils restent inutiles ;
Les règnes vraiment beaux sont les règnes fertiles,
Et ce siècle, surtout, pense que les meilleurs
Et les plus grands des rois sont les rois travailleurs !
Prince, à vous vient s'offrir la plus noble entreprise
Que le destin réserve aux rois qu'il favorise :
Vous pouvez relever, agrandir de vos mains
L'œuvre des Pharaons et l'œuvre des Romains,
Fertiliser ces lieux que le sable dévore,
Et d'un désert brûlant faire un autre Bosphore !
Par de nouveaux chemins, facilement ouverts
Vous pouvez, rapprochant tant de peuples divers
Qu'au soleil du progrès la distance dérobe
Raccourcir de moitié la ceinture du globe !

Les vaisseaux qui cherchaient sur l'immense Océan
Où la jeune Australie ou le vieil Hindoustan,
Achevant, grâce à vous, de moins rudes conquêtes,
N'iront plus se briser sur le Cap des Tempêtes ;
Comme de grands oiseaux près du bord plus nombreux,
Ils voleront en foule à l'isthme ouvert pour eux,
Et le vent du désert, roi dont le règne expire,
Les poussera lui-même à travers son empire !
Ce rêve, qui par vous doit avoir son effet,
Leibnitz, Louis le Grand, Napoléon l'ont fait ;
A vous de l'accomplir, Altesse ! L'heure est bonne.
La science, aujourd'hui, n'a plus rien qui l'étonne ;
Elle a le feu, les vents et les flots pour sujets ! »

Le Prince, à ce discours, répondit : « J'y songeais ! »

CHAPITRE IV

L'ANGLETERRE ET LE CANAL DE SUEZ

L'histoire du canal de Suez serait incomplète si nous ne racontions à côté des efforts généreux qui ont accompli cette noble conquête, les tentatives attristantes qui ont essayé de l'entraver. C'est à regret que nous retraçons cette page, car elle fait tache dans la politique d'une grande nation, mais la vérité ne peut passer sous silence des actes trop réels et trop publics pour qu'il soit permis de les oublier.

Séparons la nation anglaise de certains de ces hommes d'État, soit ! Nous n'en avons pas moins à constater qu'au nom de l'Angleterre, la plus grande œuvre de civilisation des temps modernes a été dénaturée, raillée, opiniâtrément attaquée.

« L'Angleterre, s'est un jour éloquemment écrié M. Villemain, l'Angleterre a mis partout des gardes aux barrières de l'Océan ! » Oui, partout elle a planté son pavillon sur le parcours des voies maritimes qui relient le commerce du monde ; mais, jalouse suzeraine des flots qu'elle regarde comme son royaume, elle ne permet pas qu'on vienne déranger son altière domination.

Le canal de Suez rapprochait de l'Inde toutes les nations européennes ; il n'en fallut pas plus pour éveiller les irritations et les inquiétudes de la Grande-Bretagne ; le canal de Suez était une œuvre française : l'Angleterre ne pouvait tolérer qu'une telle entreprise s'accomplît en dehors de son initiative et de son influence.

Le 30 novembre 1854, Mohammed-Saïd avait signé la concession du canal : au mois de février 1855, M. de Lesseps se rendit à Constantinople pour obtenir du sultan la ratification de cet acte.

La Sublime-Porte se montra favorable au projet accueilli par le Vice-Roi et elle manifesta hautement son approbation ; mais, à Constantinople, M. de Lesseps rencontrait l'ambassadeur anglais lord Strafford de Redcliffe : vainement il lui exposa dans une lettre loyale le véritable but de son œuvre, ce diplomate, fidèle interprète des secrètes pensées de lord Palmerston, laissa percer dès la première heure l'hostilité du gouvernement britannique.

Lord Straffort de Redcliffe insista auprès du ministère ottoman pour que l'acte de concession ne fût pas définitivement ratifié avant que l'Angleterre eût été consultée sur l'opportunité du percement du canal.

M. de Lesseps vit nettement le piége ; mais avec une patience énergique, il sut se contenir et parut se soumettre au désir de l'ambassadeur anglais.

Cependant il importait de frapper un coup

décisif avant que l'intrigue pût se nouer d'une manière inextricable : il fallait que l'entraînement général renversât dans son élan les barrières élevées par les manœuvres de cabinet.

Au mois de juin 1855, M. de Lesseps arriva en Angleterre : il fit immédiatement appel aux principaux représentants du commerce maritime ; il provoqua leurs franches déclarations et ces déclarations se produisirent en sa faveur : la *Compagnie des Indes*, la *Compagnie péninsulaire et orientale de navigation à vapeur* proclamaient l'utilité du canal de Suez.

Mais, au dessus de l'opinion publique, dominait malheureusement une volonté puissante, guidée par un esprit égoïste et plein de haine pour la France : lord Palmerston, suivant ses propres paroles, « voyait avec peine la poursuite d'une œuvre chimérique qui pouvait altérer les bons rapports des deux grandes nations européennes[1]. »

Au fond, ce que voyait surtout avec peine le

[1] Note adressée au cabinet des Tuileries.

premier ministre d'Angleterre, c'était l'accomplissement d'un projet qui changeait les allures du transit maritime et pouvait troubler les vues exclusives et ambitieuses du gouvernement britannique ; lord Palmerston sentait revivre en lui sa vieille haine contre la France dont il ne s'était pas départi, depuis le temps où, en 1804, simple journaliste à Malte, il avait combattu avec fureur la puissance de Napoléon.

Déjà une commission internationale de savants et d'ingénieurs rassemblée par les soins de M. de Lesseps était partie pour l'Égypte et elle explorait le désert de Suez : lord Palmerston sentait qu'avant peu la cause du canal allait être gagnée et qu'il était grand temps de la battre en brèche.

Le *Times* ouvrit l'attaque par un article daté du 30 octobre 1855 ; bientôt la *Revue d'Édimbourg* usait à son tour de son influence considérable pour dénigrer le projet de M. de Lesseps. Elle prenait d'ailleurs ses précautions oratoires.

« Nous ne pourrions, disait-elle, imaginer

une politique plus absurdement illibérale que celle qui prétendrait fermer à l'humanité entière une des grandes avenues du monde, dans la vue de flatter une théorie chimérique d'influence rivale, et nous déclarons hautement répudier tout sentiment de cette espèce comme entièrement indigne de nous et de notre pays. »

Une fois cette déclaration formulée, la *Revue d'Édimbourg* changeait de ton et traitait la question du canal avec l'hostilité la plus subtile et aussi la plus savante, du moins en apparence.

Le canal, suivant elle, était absolument impossible : on ne se rendait pas compte des obstacles insurmontables qui allaient surgir à chaque pas : c'était une utopie que de prétendre construire des jetées immenses en avant de Suez et de Port-Saïd; le golfe de Péluse était une mer de boues, où nul travail ne pourrait ouvrir un chenal; des bancs de rochers se trouvaient au milieu du désert et devaient arrêter la marche des ingénieurs; vingt autres arguments aussi imaginaires, et dont l'événement a prouvé l'inanité, étaient prônés par la savante *Revue*.

Puis, cela ne suffisant pas, on déclarait le canal non-seulement impossible mais inutile, si, par grand hasard, il venait à être exécuté. On parlait des difficultés insurmontables que la mer Rouge présenterait à la navigation : la question du niveau des deux mers était rappelée avec effroi comme aux temps antiques où elle avait effrayé Néchao ; il était surtout bien déclaré que le canal de Suez, dans le présent et dans l'avenir, ruinerait ceux qui auraient la folie de risquer leur argent dans cette entreprise.

Cependant la commission internationale avait achevé ses explorations et elle émettait *de visu* des opinions toutes contraires à celles de la *Revue d'Édimbourg*. Lord Palmerston n'entendait pas lâcher la partie sans avoir tenté un effort plus efficace qu'une simple manifestation de la presse. Il voulut, lui aussi, envoyer sa commission et avoir son rapport rédigé après examen des lieux.

Dans le courant de l'année 1856, depuis le mois d'avril jusqu'au mois de juillet, la corvette anglaise le *Tartarus* fut chargée d'explorer la rade de Péluse. Au vif désappointement du premier ministre, cette étude nouvelle fut aussi favorable à la cause du canal que l'avait été le rapport même de la commission internationale. Quelle ressource restait-il à l'Angleterre pour satisfaire son amour-propre national et rivaliser avec l'œuvre de la France?

On le croira difficilement : ce fut alors que lord Palmerston qui traitait de chimérique le projet de M. de Lesseps engagea son gouvernement dans un projet bien autrement irréalisable d'ici à longtemps.

Il se souvint qu'un officier supérieur de l'armée anglaise, le major-général Chesney, poursuivait depuis de longues années la pensée d'établir un chemin de fer, qui partant de Sonédié sur la côte de Syrie aboutirait à Bassora sur le Chat-el-Arab. Comme les Kalifes, lord Palmerston entrevit la possibilité de reporter vers le golfe Persique le transit commercial de l'Égypte et du golfe Arabique : une fois pénétré de son idée, il s'empressa d'en essayer l'exécution.

Il s'agissait de prolonger un chemin de fer, à travers quatre cents lieues, dans un désert hanté par des peuplades barbares ; n'importe ! le chemin de fer de l'Euphrate devait annihiler le canal de Suez : cet argument, pour lord Palmerston, répondait à toutes les objections.

La Turquie montra peu de bon vouloir pour seconder le ministre anglais dans ses vues ; et, déception plus amère pour lui, en Angleterre même et dans les Indes, e commerce resta insensible à tout appel de fonds.

Battu de toutes parts, lord Palmerston s'oublia jusqu'à insulter, du haut de la tribune du Parlement, le persévérant promoteur du canal de Suez : l'entreprise de M. de Lesseps n'était suivant lui, « qu'un de ces nombreux projets d'attrape (*bubble*,) qui de temps en temps sont tendus à la crédulité des capitalistes gobe-mouches. »

D'un bout à l'autre de l'Europe et dans l'Angleterre même un cri d'indignation répondit à ce scandaleux outrage : la cause de la Compagnie de Suez, gagnée d'avance, l'était plus que jamais, grâce au langage de son plus grand ennemi.

M. de Lesseps répondit par une lettre adressée à toutes les chambres de commerce du Royaume-Uni dont il avait sollicité les suffrages: autant le premier ministre avait oublié les plus simples convenances dans ses attaques, autant M. de Lesseps sut les respecter dans sa réponse: il avait pour lui le bon droit, il eut en outre la dignité.

« Lord Palmerston, disait-il, a cru pouvoir affirmer dans des termes qu'un langage sérieux ne permet pas de reproduire, que j'étais venu en Angleterre pour tendre un piége à la bourse des Anglais et abuser de la crédulité des capitalistes assez naïfs pour croire à une entreprise chimérique. Vous savez, Messieurs, s'il y a rien eu dans ma conduite ou dans mes paroles qui pût justifier des imputations de ce genre. Ai-je fait le moindre appel aux capitaux ? Vous vous rappelez que je vous ai au contraire déclaré à plusieurs reprises que ce n'était point une souscription d'actions, mais une expression d'opinions que je venais solliciter de vous. Si, dans la répartition d'un capital de 200 millions de francs, l'Angleterre doit avoir plus tard, comme la France, une part de 40 millions, c'est une déférence que j'ai cru devoir à une puissante nation commerçante, directement intéressée dans l'exécution de la voie nouvelle.

« Mais les capitaux anglais font si peu besoin à l'entreprise dont je suis le promoteur, que, si la part réservée à l'Angleterre n'était pas entièrement acceptée par elle, cette part serait à l'instant couverte par les demandes supplémentaires qui me sont parvenues de diverses parties du monde.

« Voilà, Messieurs, la réponse bien simple, et selon moi irréfutable, que je fais à lord Palmerston, et que j'adresse à la conscience de tous les honnêtes gens. Vous me rendrez cette justice, que dans ma réponse j'observe envers l'âge et la situation politique du premier lord de la Trésorerie les devoirs qu'imposent les convenances. Je croirais d'ailleurs manquer à la dignité de mon caractère et au respect que je vous porte, si je me permettais d'employer envers lui un langage semblable à celui dont il a usé envers moi. »

Lord Palmerston avait beau répéter avec sarcasme : « Lesseps se précipite avec la *furia* française, mais il manquera de souffle chemin faisant » ; en dépit de ces railleries, les hommes du cabinet britannique croyaient beaucoup plus au succès qu'ils ne le prétendaient ; à tout événement, ils résolurent de se procurer d'avance une station dans la mer Rouge : l'occupation de Périm, le 18 février 1857, fut de leur part une audacieuse prise de possession de la nouvelle route des Indes.

Le temps marche; nous sommes en 1862 ; l'œuvre de Suez est en pleine exécution : le canal d'eau douce commence à répandre la vie à travers le désert : il pourvoit aux besoins des travailleurs qui creusent le canal maritime ; vingt mille fellahs envoyés par Mohammed-Saïd prêtent leur concours aux ouvriers européens. Il semble que rien désormais ne peut entraver l'entreprise déjà presque réalisée.

Mais, l'Angleterre n'a pas renoncé à lutter jusqu'au bout. Elle reprend ses intrigues à Constantinople : elle intimide le gouvernement ottoman et finit par lui arracher deux ordres qui semblent mortels pour la compagnie de Suez : le Sultan exige que le Vice-Roi retire de l'isthme son contingent de fellahs ; il l'oblige aussi à résilier la clause de concession du canal d'eau douce et des terrains environnants.

Ainsi, la compagnie se voyait à la veille de perdre d'un seul coup ses ouvriers les plus aguerris et l'eau, cette ressource indispensable qu'on s'était procurée avec tant de frais et d'efforts.

M. de Lesseps en appela aux tribunaux: Nubar-Pacha vint soutenir à Paris les prétentions du gouvernement Égyptien à la tête duquel Ismaïl-Pacha venait de remplacer Mohammed-Saïd décédé.

Au fond, l'Egypte avait le secret désir de maintenir ses engagements primitifs que l'Angleterre seule la poussait à violer: elle accepta volontiers l'idée de faire trancher le débat par un arbitrage de l'Empereur des Français.

Dès lors, l'Angleterre était vaincue: elle n'avait plus qu'à s'incliner devant le fait accompli en attendant l'heure d'en profiter.

Nulle nation, en effet, n'est plus qu'elle appelée à retirer d'immenses avantages de cette œuvre tant calomniée par son premier ministre. Quand lord Palmerston dénigrait le projet de M. de Lesseps, non-seulement il attentait aux intérêts généraux de l'humanité, mais encore il foulait aux pieds les intérêts de son propre pays.

Pour l'honneur de l'Angleterre nous devons citer les paroles d'un autre de ses hommes d'État, qui, se faisant une plus juste idée de la dignité et des devoirs d'un grand peuple, flétrissait avec éloquenceles misérables arguments de Palmerston.

« Personne, disait M. Gladstone, le 14 août 1857, dans la Chambre des communes, personne ne pourra regarder la carte du monde et nier qu'un canal à travers l'isthme de Suez, s'il était possible, ne fût d'un grand avantage pour l'intérêt de l'humanité. Ce projet a été approuvé et trouvé excellent par tous les gouvernements de l'Europe, et spécialement par la France, notre grande alliée. Qu'y aurait-il alors de plus malheureux que de voir naître des querelles à Constantinople à ce sujet entre les ambassadeurs de France et d'Angleterre? Par rapport à nos possessions dans l'Inde, il est à désirer que jamais toute la force et la vigueur de l'Angleterre ne lui manquent pour faire les efforts que réclame la conservation de ces contrées ; et tant que nous aurons des devoirs à remplir envers le genre humain dans ces pays, les plus grands sacrifices ne devraient jamais nous coûter, ni même être calculés, quelle qu'en fût l'importance, pour remplir de telles obligations. Mais, ne faisons pas naître dans l'Europe l'opinion que la possession de l'Inde par la Grande-Bretagne a besoin pour se maintenir que l'Angleterre s'oppose à des mesures qui sont avantageuses aux intérêts généraux de l'Europe. Ne laissons pas naître cette fâcheuse contradiction, parce que ce serait affaiblir notre pouvoir dans l'Hindoustan plus que ne le feraient dix révoltes comme celles qui viennent d'avoir lieu dernièrement. »

M. Gladstone avait raison : la politique la

plus funeste pour un peuple, ce n'est pas celle qui risque d'apporter quelque trouble passager dans sa situation matérielle, c'est celle qui risque d'amoindrir sa dignité morale.

NOTE DU CHAPITRE IV

NOTE, page 79

LETTRE

DE M. FERDINAND DE LESSEPS A M. LE VICOMTE STRAFFORD DE REDCLIFFE.

Constantinople, 28 février 1855.

Il y a des questions qui demandent à être franchement abordées pour être bien résolues, de même qu'il y a des plaies qui doivent être découvertes pour être guéries. La loyauté avec laquelle vous avez accueilli mes premières observations au sujet d'une affaire dont je ne me dissimule pas la gravité m'encourage à soumettre à votre appréciation un point de vue qu'il me paraît utile d'envisager dans la question de l'isthme de Suez. La haute influence que votre caractère et votre longue expérience vous donnent naturellement le droit d'exercer dans les décisions de votre gouvernement au sujet de toutes les questions orientales me fait attacher un grand prix à ne rien négliger pour que vous puissiez former votre opinion en toute connaissance de cause.

Les résultats déjà obtenus par l'alliance intime de la France et de l'Angleterre témoignent assez de quel avantage est cette union des deux peuples dans l'intérêt de l'équilibre européen et de la civilisation. Il y va donc de l'avenir et du bonheur de toutes les nations de l'univers, de maintenir intact, de préserver de toute atteinte un état de choses qui, à l'éternel honneur des gouvernements qui l'ont constitué, peut seul, avec le temps, assurer à l'humanité les bienfaits du progrès et de la paix. De là la nécessité de faire disparaître à l'avance toutes les causes de rupture et même de refroidissement entre les deux peuples, de là par conséquent l'impérieux devoir de rechercher dans les futurs contingents quelles sont les circonstances de nature à réveiller des sentiments séculaires d'antagonisme, et à provoquer au sein de l'une ou de l'autre des deux nations de ces émotions contre la violence desquelles la sagesse des gouvernements est impuissante à lutter. Les motifs d'une rivalité hostile tendent successivement à faire place à cette généreuse émulation qui enfante les grandes choses.

En considérant la situation d'une manière générale, on ne voit guère sur quel terrain et à quelle occasion s'engageraient de nouveau des luttes qui ont si longtemps ensanglanté le monde. Sont-ce les intérêts financiers et commerciaux qui peuvent diviser les deux peuples ? Mais les capitaux de la Grande-Bretagne jetés dans toutes les entreprises de la France et l'immense développement qu'a pris le commerce international établissent entre elles des liens qui chaque jour deviennent plus étroits. Sont-ce les intérêts politiques et les questions de principes? Mais les deux nations n'ont plus qu'un même but, qu'une même ambition, le triomphe du droit sur la force, de la civilisation sur la barbarie. Sont-ce enfin de mesquines jalousies pour une extension territoriale? Mais elles reconnaissent aujourd'hui que le globe est assez vaste pour offrir à l'esprit d'entreprise qui anime les populations respectives des pays à mettre en valeur, des créatures humaines à tirer de l'état de barbarie, et d'ailleurs, du moment que leurs pavillons flottent ensemble, les conquêtes de l'une profitent à l'activité de l'autre.

Au premier abord, on n'aperçoit donc rien dans l'ensemble des choses qui puisse altérer nos bonnes relations avec l'Angleterre.

Cependant, si l'on y regarde de près, une éventualité se présente qui, faisant partager aux cabinets les plus éclairés et les plus modérés les préjugés et les passions populaires, est capable de raviver de vieilles antipathies et de compromettre, avec l'alliance, les liens dont elle doit être la source.

Il est en effet un point du globe au libre parcours duquel se lie la puissance politique et commerciale de la Grande-Bretagne, un point dont la France avait pour sa part, dans les siècles passés, ambitionné la possession. Ce point, c'est l'Égypte, route directe de l'Europe aux Indes, l'Égypte, arrosée à plusieurs reprises du sang français.

Il est superflu d'établir les motifs qui ne permettent pas à l'Angleterre de voir l'Égypte entre les mains d'une nation rivale sans opposer la plus énergique résistance; mais ce dont il faut également tenir grand compte, c'est qu'avec des intérêts moins positifs, la France, sous l'empire de ses glorieuses traditions, sous l'impulsion d'autres sentiments plus instinctifs que raisonnés, et par cela même tout puissants sur l'esprit impressionnable de ses habitants, ne saurait à son tour laisser à l'Angleterre la paisible domination de l'Égypte. Il est clair que tant que la route des Indes est ouverte et sûre, que l'état du pays garantit la facilité et la promptitude des communications, l'Angleterre n'ira pas se créer les plus graves difficultés pour s'approprier un territoire qui à ses yeux n'a de valeur que comme voie de transit. Il est également évident que la France dont la politique consiste depuis cinquante ans à contribuer à la prospérité de l'Égypte, tant par ses conseils que par le concours d'un grand nombre de Français distingués dans les sciences, dans l'administration, dans tous les arts de la paix ou de la guerre, ne cherchera pas à réaliser de ce côté les projets d'une autre époque aussi longtemps que l'Angleterre n'y mettra pas le pied.

Mais qu'il arrive une de ces crises qui ont si souvent ébranlé l'Orient, qu'une circonstance se produise où l'Angleterre se trouve dans la rigoureuse nécessité de prendre position en Égypte pour empêcher qu'une autre puissance l'y précède, et qu'on nous dise s'il est possible que l'alliance résiste aux complications qu'un pareil événement ferait naître. Et pourquoi l'Angleterre se croirait-elle forcée de se rendre maîtresse de l'Égypte, au risque de rompre son alliance avec la France? Par cette seule raison que l'Égypte est la route la plus courte, la plus directe de l'Angleterre à ses possessions orientales, que cette route doit lui être constamment ouverte, et qu'en ce qui touche ce puissant intérêt elle ne saurait jamais transiger. Ainsi, par la position que la nature lui a faite, l'Égypte peut encore être le sujet d'un conflit entre la

France et la Grande-Bretagne, de telle sorte que cette chance de rupture disparaîtrait si, par un événement providentiel, les conditions géographiques de l'ancien monde étaient changées et que la route des Indes, au lieu de traverser le cœur de l'Égypte, fut reportée à ses limites, et étant ouverte à tout le monde, ne pût jamais être exposée à rester le privilége de personne.

Eh bien, cet événement, qui doit être dans les vues de la Providence, est aujourd'hui à la portée des hommes. Il peut être accompli par l'industrie humaine ; il est réalisable par le percement de l'isthme de Suez, entreprise à laquelle la nature n'oppose aucun obstacle, et où viendraient certainement s'engager les capitaux libres de l'Angleterre aussi bien que d'autres pays.

Que l'isthme soit coupé, que les flots de la Méditerranée se mêlent à ceux de l'Océan Indien, que le chemin de fer soit continué et terminé, et l'Égypte, en acquérant une plus grande valeur comme pays de production, de commerce intérieur, d'entrepôt et de transit général, perd sa périlleuse importance comme voie de communication incertaine ou contestée. La possession de son territoire n'ayant plus d'intérêt pour l'Angleterre, cesse d'être l'objet d'une lutte possible entre cette puissance et la France, l'union des deux peuples est désormais inaltérable et le monde est préservé des calamités qu'entraînerait leur rupture. Ce résultat offre de telles garanties pour l'avenir, qu'il suffit de l'indiquer pour appeler sur l'entreprise destinée à l'assurer la sympathie et les encouragements des hommes d'État, dont les efforts ont pour but d'asseoir l'alliance anglo-française sur des bases inébranlables. Vous êtes un de ces hommes, milord, et vous avez une trop grande part dans les débats de la haute politique pour que je n'aie pas le désir de vous faire connaître mes vœux.

FERDINAND DE LESSEPS.

CHAPITRE V

L'ISTHME DE SUEZ

Une langue de terre, ayant trente lieues de largeur, voilà l'isthme de Suez : imperceptible barrière, si on la considère sur la carte du monde entier ; région fameuse entre toutes, si on se reporte vers les événements et vers les hommes dont le souvenir se retrouve en ce lieu.

Nous avons dit dans les chapitres qui précèdent, quelle est l'importance de la situation de l'isthme de Suez : les efforts tentés à diverses époques pour y ouvrir une voie maritime suffiraient à lui créer une légende depuis

Néchao jusqu'à Napoléon ; mais l'isthme de Suez a encore son histoire en dehors du récit de ces grandioses tentatives.

D'abord, parlons de sa géographie : elle n'est plus tout à fait ce qu'elle était dans l'antiquité ; des accidents naturels ont modifié l'isthme depuis les jours de Moïse et d'Hérodote ; pourtant, il nous est encore facile d'étudier ce sol, en tenant à la main les pages des historiens anciens.

Examinons un plan panoramique de l'isthme de Suez depuis la Méditerranée jusqu'à la mer Rouge. Au point où débouche le canal creusé par M. de Lesseps, entre l'isthme même et la mer, s'étend un lac de cinquante lieues de tour : c'est le lac Menzaleh, qui n'est séparé de la Méditerranée que par une berge de quarante à cinquante mètres et qui est mis en communication avec cette mer par les trouées de Dibeh, de Djemileh, d'Oum-Faregh.

Naguère, cette région était livrée à la culture; mais il paraît que dès le temps d'Isaïe la Méditerranée jointe aux branches Tanitique et Pélusiaque avait recouvert cette plaine, car le prophète l'appelle « le vivier des Pharaons ».

Aujourd'hui encore le lac Menzaleh est un vivier : il renferme d'innombrables et excellents poissons : une population d'environ quinze mille pêcheurs est répandue sur ses bords. Race à part, ces pêcheurs descendent de la fameuse tribu des *pasteurs*, qui pendant cinq cents ans a donné des rois à l'Égypte : leur type, qui diffère de celui des habitants de la vallée du Nil, se retrouve exactement reproduit sur la face des sphynx de Tanis.

A vrai dire, le lac Menzaleh ressemble plutôt à un marécage qu'à un véritable lac : l'eau n'y a souvent pas plus de dix à douze centimètres de profondeur, et une épaisse couche de vase s'étend au dessous d'elle. Aussi, les adversaires du canal de Suez ont longtemps déclaré que ce lac était une mer de boues, à travers laquelle nul effort ne parviendrait à ouvrir une voie :

M. de Lesseps lui-même redoutait ce terrain fangeux beaucoup plus que les autres obstacles qui l'attendaient dans le désert.

Les lacs Ballah, situés derrière le lac Menzaleh, sont à sec pendant une partie de l'année : ils confinent aux dunes d'El-Ferdane, où commence réellement l'isthme.

Là, se dresse une barrière qui s'étend sur quinze kilomètres de longueur et qui, au plateau d'El-Guisr, s'élève jusqu'à dix-neuf mètres au dessus du niveau de la mer : ce plateau ou *seuil* d'El-Guisr était le plus formidable rempart de l'isthme : il a fallu l'ouvrir par une brèche gigantesque.

Au delà, toujours en avançant vers la mer Rouge, nous rencontrons le lac Timsah, admirable port, creusé par la nature : aujourd'hui une ville s'élève sur ses bords, c'est Ismaïlia : d'ici à un siècle, elle sera l'une des plus importantes cités du monde : assise sur un bosphore comme Constantinople, elle deviendra le but de la jalousie des peuples ou le foyer de leur union.

Après le lac Timsah vient le *seuil* du Sérapéum, élevé de dix mètres au dessus du niveau de la mer ; puis un nouveau bassin se présente, celui des lacs Amers, rade de vingt-cinq lieues de tour, où peuvent se mouvoir à l'aise les plus grands navires.

Les lacs Amers sont le dernier vestige du golfe Héroopolite : ils furent témoins du fameux passage des Hébreux et du désastre de l'armée égyptienne.

Depuis ces lacs jusqu'à Suez il n'y a que vingt kilomètres de terrain, élevé tout au plus d'un mètre au dessus du niveau de la mer.

A l'occident des lacs Amers une vaste plaine s'incline vers l'Égypte : c'est l'antique *vallée de Gessen*, la terre des Patriarches.

La Bible est, par excellence, le guide qu'il faut prendre pour visiter l'isthme de Suez : partout on y retrouve un souvenir de ce livre : Abraham, Jacob, Joseph, Moïse, semblent avoir laissé là l'empreinte de leurs pas. C'est à Memphis que s'établit Abraham durant son passage en Égypte : il traversa et retraversa l'isthme.

Quand Jacob appelé par son fils Joseph vint, avec soixante-dix personnes, à la cour du pharaon Aménophis, il se rendit à Rhamsès, c'est-à-dire qu'il passa sur les bords du lac Timsah.

La concession de la terre de Gessen rendit les Hébreux voisins du désert de Suez qui devait leur servir de route à l'heure de la délivrance. L'enfance, la jeunesse de Moïse s'écoulent dans l'isthme, et c'est là qu'il accomplit les premiers actes de sa grande carrière.

M. de Lesseps a cherché à préciser avec une ingénieuse finesse d'induction le point précis où le prophète d'Israël fut exposé sur les eaux du Nil.

« Quelques géographes, dit-il, ont placé le berceau de Moïse en face de Memphis, où le Nil est très-profond et très-rapide. Ils n'ont pas songé que jamais une mère n'aurait exposé son fils, là où le courant l'aurait emporté. Moïse a dû être exposé dans la branche Tanitique, près du lac Menzaleh, non loin de nos travaux, et devant l'ancienne ville de Tsan voisine de la vallée de Gessen. Les récentes découvertes de M. Mariette ont constaté que c'était la résidence des rois pasteurs, appelés *Hycsos*. Le nom de Sos signifie, en langue éthiopienne, *pasteur*, et je pense que Suez vient de Sos. Ainsi la terre de *Gessen*, qui en hébreu veut dire : terre des pâturages, ne serait que la traduction de Sos.

« Moïse a donc été sauvé sur une des branches du Nil, prise pour le Nil. Aujourd'hui encore les Arabes, comme la Bible, appellent Nil toutes les branches du Nil, tous les grands canaux qui dérivent de ce fleuve. Ainsi, lorsque la Bible dit que Moïse a été sauvé du Nil, ce passage s'accorde parfaitement avec les dernières découvertes, qui constatent que la capitale où résidaient les Pharaons était Tsan, plus tard Tanis et Avaris, située à peu près à dix lieues de Port-Saïd, entrée de notre canal sur la Méditerranée. Au pied des ruines de cette ville coule l'ancienne branche Tanitique, qui maintenant se jette dans le lac Menzaleh, au lieu de se jeter dans la mer, son embouchure ayant été oblitérée. On voit sur ses bords, près de Tsan, comme autrefois, des roseaux nombreux, et l'on comprend que c'est dans cet endroit que le berceau de Moïse a dû être arrêté, ainsi que le dit la Bible, dont les descriptions sont toujours exactes...

« La Bible raconte les visites que Moïse faisait souvent, avec son frère Aaron, dans le palais du roi, et, en effet, il pouvait s'y rendre facilement, car pour aller à Tsan il n'avait qu'une journée de marche, tandis que, pour aller à Memphis, il lui aurait fallu trois ou quatre jours. »

La ville de Ramsès, qui avait été, quatre cents ans auparavant, le lieu d'arrivée de Jacob, fut le lieu de départ de ses descendants. Moïse, dans l'*Exode*, a pris soin de raconter avec les détails les plus précis, dans un langage empreint de l'imagination orientale, cette émigration de tout un peuple.

Au sortir de Ramsès pour se diriger vers la Terre promise la route naturelle du peuple hébreu était dans la direction du Nord : son chef lui fit prendre un chemin tout opposé : il l'emmena vers le sud et les régions du désert sinaïtique.

Moïse a lui-même expliqué cette manœuvre, étrange à première vue. « Dieu, dit-il, au verset 17 de l'*Exode*, ne conduisit point (*les Israélites*) par le chemin du pays des Philistins qui est voisin, de peur qu'ils ne vînssent à se repentir (*d'être ainsi sortis*,) s'ils voyaient s'élever des guerres contre eux et qu'ils ne se retirâssent en Égypte. »

« Mais il leur fit faire un circuit par le chemin du désert, qui est près de la mer Rouge. Les enfants d'Israël sortirent ainsi en armes de l'Égypte. »

La crainte des Philistins ne dut pas seule dicter la résolution de Moïse : quoiqu'il n'en fasse pas mention, il est probable qu'il redoutait vers le Nord la rencontre des Égyptiens dont les intentions étaient encore très-hostiles à l'égard du peuple d'Israël, ainsi que l'événement le prouva.

En prenant la route la plus directe, les Hébreux eussent pu se trouver enveloppés entre trois armées égyptiennes, parties des villes de Tanis, Avaris et Héroopolis : par le désert au contraire, ils avaient le temps de dérober leur première marche à l'ennemi et ils n'eussent eu affaire en cas de combat qu'à une fraction de ses troupes.

« Et le seigneur marchait devant eux pour leur montrer le chemin ; paraissant durant le jour en une colonne de nuée, et pendant la nuit en une colonne de feu, pour leur servir de guide le jour et la nuit.

« Jamais la colonne de nuée ne manqua de paraître devant le peuple pendant le jour, ni la colonne de feu pendant la nuit. » (*Exode*, vv. 21 et 22. Chap. XIII).

Les Hébreux se dirigent en toute hâte vers la

mer Rouge en passant par les étapes de Socoth et d'Étham, puis ils reviennent un peu sur leurs pas à Pi-Hahiroth entre Migdol ou Magdal et la mer: en face d'eux, sur l'autre rive, se trouve la ville de Bahal-Tsephon.

Le lieu du passage de la mer Rouge semble indiquée par les noms mêmes des localités mentionnées dans la Bible. *Socoth* en hébreu signifie *tente* : aujourd'hui ce lieu est appelé par les Arabes *Oumriam* ou la *Mère des tentes* ; *Etham* n'a pas changé de nom ; *Pi-Hahiroth* veut dire en hébreu *baie des roseaux*, les Arabes nomment cet endroit *Oued-Bel-El-Bouze*, désignation qui a le même sens et que justifient les nombreux roseaux qu'on rencontre encore dans cette vallée.

Les Hébreux étaient entrés dans le désert. « Après que Moïse eut fait partir les Israélites de la mer Rouge, ils entrèrent, dit l'Exode, au désert de Sur, et ayant marché trois jours dans la solitude, ils ne trouvaient point d'eau.

« Ils arrivèrent à Mara, et ils ne pouvaient boire des eaux de Mara, parce qu'elles étaient amères. C'est pourquoi on leur donna un nom qui lui était propre en l'appelant Mara, c'est-à-dire, amertume.

« Alors le peuple murmura contre Moïse, en disant : Que boirons-nous ?

« Mais Moïse cria au Seigneur, lequel lui montra un *certain* bois qu'il jeta dans les eaux; et les eaux *d'amères qu'elles étaient*, devinrent douces. » vv. 23, 24, 25. Chap. xv.

De nos jours, la source de Mara est amère comme elle l'était autrefois, mais les Arabes l'adoucissent par le même moyen dont se servit Moïse : en jetant, dans cette eau, une espèce de plante qui croît aux environs du puits, ils lui enlèvent son goût salé et la rendent propre à la boisson.

« Les enfants d'Israël vinrent ensuite à Élim, où il y avait douze fontaines et soixante-dix palmiers ; et ils campèrent auprès des eaux. » (Exode. Vers, 27. Chap. xv.)

Les douze sources sont encore visibles maintenant ; les soixante-dix palmiers existent encore. C'est en revenant de visiter ces fameuses fontaines que Bonaparte faillit être englouti par la mer Rouge.

Si nous passons des traditions judaïques aux légendes chrétiennes, nous retrouvons dans l'isthme le souvenir de Jésus comme nous y avons trouvé celui de Moïse.

Non loin du lac Timsah, les Arabes montrent la place, où, suivant eux, Joseph, Marie et Jésus firent halte lorsqu'ils fuyaient la persécution d'Hérode. « Jésus enfant, fait remarquer M. de Lesseps, séjourna près de l'endroit où Moïse avait été sauvé des eaux. »

Pour mettre le comble au prestige historique de l'isthme de Suez, dans son sein une nouvelle *exode* va commencer, si les peuples savent profiter de la route qui leur est ouverte, comme au temps de Moïse, il s'agit pour eux de marcher aujourd'hui vers une *terre promise* ; mais la conquête à faire n'est plus celle d'une contrée restreinte, c'est la conquête du monde entier envahi par la civilisation et par la paix.

NOTES DU CHAPITRE V

NOTE, page 109

Il n'est pas sans intérêt de rapprocher la marche des Hébreux dans le désert de Suez de celles qu'accomplirent dans les mêmes lieux les troupes de Bonaparte. Voici à ce sujet, un passage du nº 24 du *Courrier d'Égypte*, journal qui s'imprimait au Caire :

« Le 10 nivôse, on partit de Suez; le gros de la caravane se dirigea sur Adjeroth; le général en chef, accompagné des généraux Berthier, Dommartin et Caffarelli et des citoyens Monge et Berthollet, se porta à l'extrémité du golfe, pour examiner sur le terrain s'il n'existait point de traces du canal marqué dans les cartes, comme établissant une communication entre le Nil et la mer Rouge. Ces traces furent effectivement retrouvées; le général Bonaparte les reconnut le premier. La troupe marcha pendant quatre lieues dans le canal même: mais, en suivant cette direction, elle s'éloignait d'Adjeroth, où elle devait venir rejoindre la caravane dépositaire de l'eau et des vivres; la nuit approchait, la position d'Adjeroth était inconnue, et l'on courait le danger de s'égarer. Les généraux Bonaparte et Berthier, accompagnés chacun d'un homme à cheval, prirent les devants, en se dirigeant au galop sur le point où le soleil se couchait ; cette direction les conduisit heureusement à Adjeroth ; le général en chef ordonna de tirer un coup de canon, d'allumer des feux sur les tours du château, et fit porter sur quelques points élevés de la route qu'il venait de parcourir, des fanaux dont les caravanes sont toujours munies pour éclairer leur marche dans la nuit. Ces fanaux sont fort simples : c'est un réchaud cylindrique dans lequel on entretient un feu vif et brillant, en y brûlant des morceaux très-secs de sapin ; ces réchauds sont fixés à la partie supérieure d'un bâton de cinq à six pieds de hauteur, qu'on fiche en terre lorsqu'on veut s'arrêter. Si la caravane marche la nuit, elle a à sa tête plusieurs hommes qui portent de pareils réchauds, qu'ils ont soin de tenir élevés, afin que leur flamme soit aperçue de chaque voyageur.

Tout le monde fut rallié dans la soirée. »

. . . .

La coutume de diriger la marche des troupes par des signaux de feux que l'on plaçait dans les haltes au dessus de la tente du général était en usage chez les Perses, et on relira sûrement avec intérêt le passage suivant de Quinte-Curce ; il dit en parlant d'Alexandre : *Tuba, cum castra movere vellet, signum dabat, cujus sonus plerumque tumultuantium fremitu exoriente, haud satis exaudiebatur : ergo perticam, quæ undique conspici posset, suprà prætorium statuit ; ex quâ signum eminebat pariter omnibus conspicuum : observabatur ignis noctu, fumus interdiu.* « Lorsqu'il voulait décamper, la trompette donnait le signal ; mais comme le tumulte empêchait, la plupart du temps, d'en entendre le son, il fit placer au dessus de sa tente une perche qui pût être aperçue de tout le monde, et à son sommet l'on élevait le signal du départ : c'était du feu pendant la nuit, de la fumée pendant le jour. »

(*Notice sur le séjour des Hébreux en Égypte et sur leur fuite dans le désert* par M. Dubois-Aymé, correspondant de l'Institut de France, membre de la Commission des Sciences et Arts d'Égypte.)

NOTE, page 111

Un ingénieur qui a pris part aux travaux du percement de l'isthme de Suez, M. Lecointre, vient de publier dans les *Études religieuses, historiques et littéraires* [1], revue dirigée par les Pères de la Compagnie de Jésus, un très-curieux mémoire sur le lieu du passage de la mer Rouge.

Les assertions de M. Lecointre ne s'accordent pas complétement avec celles de M. de Lesseps ; mais son étude mérite le plus sérieux examen ; il la termine par des réflexions qui nous semblent dignes de toute l'attention des archéologues.

« La portion de l'armée Égyptienne, dit M. Lecointre, engloutie dans la mer Rouge se composait, d'après Josèphe, d'environ quinze mille hommes ; il y avait en outre six cents chars d'élite, plus tous ceux qu'on avait

[1] Livraison d'octobre 1869.

pu réunir, en tout au moins mille à douze cents chars ; on n'a jamais trouvé aucun débri de cette destruction, mais tout espoir à cet égard ne me semble pas perdu.

« Les chars embourbés dans la vase sont descendus « *in profundum* » sur le terrain solide, de sorte qu'après le dessèchement des lacs, ils se sont trouvés recouverts par le banc de sel et la zône des terrains noirâtres ; ils doivent y être encore si l'action du temps ne les a pas détruits. Or, la dissolution du banc de sel va mettre à nu le fond solide : les vases molles vont y reprendre leur position première et la couche durcie sera lente à se reformer : enfin, ces lieux, si longtemps déserts, vont devenir un passage des plus fréquentés. Toutes ces circonstances rendent possible la découverte de quelques débris, soit par l'effet d'un heureux hasard, soit par suite des recherches entreprises dans ce but. Elles seraient faciles, en ce moment, où il y a dans l'isthme quantité de grandes dragues pouvant travailler à cette profondeur, et grand nombre de dragueurs expérimentés : en organisant des draguages dans les lacs, par le travers de Chebrewet, on retrouverait, je le crois fermement, les ferrures de bronze ou d'autres débris des chars de Pharaon. »

CHAPITRE VI

L'EXPLORATION

Ce fut, nous l'avons dit, au mois de novembre 1854 que Mohammed-Saïd accorda la première concession du canal de Suez : M. de Lesseps avait trouvé auprès du Vice-Roi deux hommes célèbres par les travaux d'hydraulique qu'ils ont accomplis en Égypte, MM. Linant-Bey et Mougel-Bey : en compagnie de ces deux ingénieurs, il parcourut l'isthme depuis Péluse jusqu'à Suez dans les mois de décembre 1854 et de janvier 1855.

Il s'agissait tout d'abord de résoudre une grave question : il fallait décider si le canal de la Méditerranée à la mer Rouge serait tracé en ligne directe, ou si on lui ferait suivre une voie oblique en joignant l'une des deux branches du Nil avec le golfe Arabique.

S'il convient de rendre pleine justice à M. de Lesseps, il convient également de reconnaître qu'il dut, à la première heure, d'utiles secours à de récents travaux qu'on ne saurait oublier.

Dès l'année 1823, M. Linant de Bellefonds, (Linant-Bey), avait fait une étude approfondie du projet de jonction entre les deux mers ; depuis lors deux autres projets avaient été mis au jour l'un par MM. Paulin Talabot, de Négrelli et Robert Stéphenson, l'autre par M. Barrault.

La question du canal de Suez était donc mûrie dans les esprits quand M. de Lesseps s'en est emparé pour la conduire à bonne fin.

Faisons comprendre brièvement quelles combinaisons pouvaient se présenter dans cette entreprise, fort simple à première vue.

D'abord, les ingénieurs avaient le choix entre deux tracés :

L'un, le TRACÉ INDIRECT, conduisant par une courbe de Suez à Alexandrie ;

L'autre, le TRACÉ DIRECT rejoignant en ligne droite Suez à la baie de Tineh, emplacement de l'ancienne Péluse.

Si l'on se décidait pour le TRAJET INDIRECT, on pouvait :

1° Ou conduire le canal le long de la côte de la Méditerranée depuis Alexandrie jusqu'au lac Menzaleh pour le ramener ensuite vers les lacs Amers : c'était le projet de M. Barrault ;

2° Ou le faire remonter d'Alexandrie jusqu'au barrage du Nil, un peu au dessous du Caire pour le rejoindre aux lacs Amers en suivant à peu près le tracé du canal d'eau douce, creusé depuis par M. de Lesseps : c'était le projet de M. Talabot.

Enfin, dans l'hypothèse de ce CANAL INDIRECT, il fallait choisir entre un canal muni d'écluses partageant les eaux, à un certain point, et les faisant descendre vers l'une et l'autre mer ; ou un canal sans écluses, et dont aucune barrière n'eut entravé le cours.

Dès sa première course dans l'isthme, M. de Lesseps se prononça pour le TRAJET DIRECT qu'il a réalisé : cette route avait l'avantage d'être beaucoup plus courte que les trajets proposés par M. Barrault et par M. Talabot, ainsi que par Lepère qui avait jadis désigné, comme embouchure du futur canal, la branche de Rosette.

Mais il importait pour le promoteur de la jonction des deux mers que son opinion reçût aux yeux du monde entier l'approbation solennelle de la science. M. de Lesseps fit un appel à tous les gouvernements et les provoqua à réunir une assemblée d'hommes spéciaux chargés d'étudier en commun le problème dont la solution importait à l'intérêt de toutes les nations. La France, l'Angleterre, l'Autriche, la Prusse, la Hollande, le Piémont, l'Espagne furent représentées dans cette *Commission internationale* qui, pour la première fois, se réunit à Paris le 30 octobre 1855.

Ce n'était pas à distance et sans avoir examiné les lieux que l'assemblée pouvait fixer son avis : elle se décida à envoyer à Suez des délégués au mois de novembre ils débarquaient sur le sol égyptien.

Déjà, nous avons dit quelle émotion causa dans l'Europe entière cette expédition qui allait installer au milieu du désert un véritable congrès. Depuis l'époque où Bonaparte avait conduit au bord du Nil toute une légion de savants, jamais l'Égypte n'avait vu plus docte assemblée.

Mohammed-Saïd profita de cette occasion pour montrer une fois de plus l'élévation de son intelligence et de son caractère : ses palais, ses serviteurs furent mis avec une grandiose hospitalité à la disposition des savants européens : il dépensa pour leur faire accueil trois cents mille francs sur sa cassette particulière. « Vous recevez ces messieurs comme des rois, s'écria un jour M. de Lesseps émerveillé de la courtoisie du prince. « Oui, répondit Mohammed-Saïd, parce qu'ils sont des rois de la science ! »

La commission explora l'isthme en partant de Suez et en se dirigeant vers l'emplacement de l'antique Péluse. Il s'agissait d'abord de sonder la rade de Suez, et l'on constata qu'elle présentait les conditions de sécurité indispensables à la navigation ; puis, on se mit en route, en remontant dans la direction du Nord pour traverser l'isthme.

C'était un spectacle nouveau et étrange pour les rares habitants du désert que ce cortége de visiteurs dont ils ne pouvaient guère s'expliquer la présence dans leurs solitudes : une caravane de cent soixante-dix chameaux portait les explorateurs et leurs bagages.

A chaque pas, les savants reconnaissaient quelque vestige de l'antiquité : une ruine, un pli de terrain remettaient sous leurs yeux l'ancien canal des Pharaons. Les géologues retrouvaient partout dans leurs sondages les traces incontestables de l'ancienne présence des eaux et ils n'hésitaient pas à conclure qu'il fût un temps où les flots de la mer Rouge et ceux de la Méditerranée se confondaient par un détroit.

Au bord du lac Timsah, la compagnie comprit du premier coup d'œil quel port admirable la nature a créé là, d'elle-même, comme pour en faire à dessein un abri vaste et sûr au milieu de la plus grande voie maritime de l'univers. Elle reconnut les ruines de l'ancienne *Magdal* de la Bible, reconnues un an plutôt par M. de Lesseps ; elle atteignit enfin le lac Menzaleh et la côte de Péluse, où elle devait explorer le fonds de la mer comme elle l'avait exploré dans la rade de Suez.

Là, la commission put, par ses propres observations, réfuter un préjugé répandu jusqu'alors : le nom de *Péluse* vient d'un mot grec et signifie *boue* ; le nom égyptien de *Zin* et le nom arabe de *Tineh*, qui ont été successivement donnés à ce lieu ont le même sens :

Aussi affirmait-on qu'une véritable barrière de vase défendait l'abord de la côte et en interdisait l'accès aux navires. Profonde erreur ! aux abords de Péluse, et aujourd'hui aux abords de Pord-Saïd, la mer est claire et s'étend sur un lit de sable : il n'y a de vases que dans le lac Menzaleh, derrière l'étroite chaussée naturelle qui le sépare de la Méditerranée : c'est là seulement, que les dragues ont dû creuser un chenal, qu'elles ont pu ouvrir sans trop de peine, abritées qu'elles étaient par la chaussée dont nous venons de parler, contre les violentes lames de la pleine mer.

Parvenu au terme de son exploration, la commission confirma hautement les appréciation de M. de Lesseps et donna pleine sanction à son projet, tel qu'il l'avait conçu.

« Le canal de Suez à Péluse, déclara-t-elle, dans son rapport, est l'unique solution du problème, et il n'y a pas d'autre moyen pratique de joindre la mer Rouge à la Méditerranée ; l'exécution de ce canal maritime est facile ; le succès en est assuré ; les deux ports à créer à Suez et à Péluse n'offrent que des difficultés ordinaires, celui de Suez s'ouvrant sur une rade vaste et sûre, accessible en tout temps, et où l'on trouve 8 mètres d'eau à 1600 mètres du rivage ; celui de Péluse étant placé entre les bouches d'Oum-Fareg et d'Oum-Ghémilé, dans la région où l'on trouve les 8 mètres d'eau à 2300 mètres, par une tenue excellente et un appareillage facile. »

Passant à l'examen des frais que pouvait exiger cette grande entreprise, la commission pensait pouvoir les évaluer à deux cent millions de francs : dépense énorme, mais qui n'avait rien d'exagéré si l'on songe aux travaux qu'il fallait accomplir et au but qu'il s'agissait d'atteindre.

Les études de la commission internationale dissipèrent dans le monde européen des préjugés depuis longtemps enracinés et capables de troubler l'opinion publique si disposée à encourager M. de Lesseps.

Le plus grave de ces préjugés c'était celui

qui déjà, dans l'antiquité avait entravé la jonction des deux mers : on répétait encore que la Méditerranée et la mer Rouge n'étaient pas de niveau et qu'en les unissant, on s'exposait à amener de redoutables malheurs. L'exploration dirigée par Lepère en 1799 avait fortifié cette opinion erronée : d'après les sondages exécutés sous sa direction, la mer Rouge était de neuf mètres plus élevée que la Méditerranée.

Mais Lepère et ses collaborateurs avaient fait leurs expériences dans des conditions qui devaient nécessairement en écarter toute certitude : au milieu d'un pays ennemi, où, à chaque instant des alertes venaient les troubler, il n'est pas étonnant qu'ils se soient trompés dans quelques-uns de leurs calculs ; Laplace et Fourier protestaient contre l'exactitude des observations accomplies et Lepère lui-même ne cachait pas ses propres doutes.

Depuis lors, à partir des travaux du major Chesney en 1830, de nombreux nivellements ont complétement réfuté les assertions des savants français de 1799 : il est aujourd'hui de notoriété que le niveau des deux mers est presque absolument le même : la commission internationale n'eut besoin que de se reporter à de récents mémoires pour proclamer un fait, dont tant de siècles se sont préoccupés sans pouvoir le préciser par une opinion incontestée.

Après l'épouvantail du niveau des deux mers venait celui des sables mouvants. Partout sur son chemin à travers l'isthme, la commission put se convaincre que cet obstacle avait été singulièrement exagéré par la malveillance des uns et la pusillanimité des autres : si les sables chassés par le vent étaient aussi redoutables qu'on le prétendait, comment se faisait-il qu'on rencontrait à fleur de terre des ruines qui dataient de plusieurs centaines d'années, comment les lacs Amers n'étaient-ils pas depuis longtemps comblés par ces trombes de poussière ; enfin, comment se faisait-il qu'on retrouvait sur le sol les moindres traces des caravanes qui avaient passé par là, à des dates déjà reculées : c'est ainsi qu'auprès de Péluse on voyait nettement la place où M. de Lesseps avait planté sa tente un an auparavant. Les terribles sables n'étaient pas plus à craindre que le niveau différent des deux mers. Quant aux rochers, qu'il eût fallu emporter morceau par morceau, il n'en existait pas trace si ce n'est aux environs de Chalouf.

Est-il besoin d'ajouter que la commission internationale faisait également bon marché d'un autre argument soulevé contre le canal : on prétendait que le percement de l'isthme ne pourrait jamais constituer une véritable route maritime, parce que la mer Rouge, par ses tempêtes et son bassin resserré, était interdite à la grande navigation.

Cette objection tombait devant l'exacte connaissance des faits comme toutes les autres objections soulevées par le parti pris. Quelques récifs entourent les îles de la mer Rouge : mais un tel obstacle n'a rien qui déconcerte l'art usuel du navigateur ; des vents périodiques soufflent, sur cette mer, tantôt du Sud, tantôt du Nord, mais s'ils exposent parfois à des retards la marine à voile, il est évident que souvent aussi ils facilitent sa marche; quant à la marine à vapeur, là comme partout ailleurs, elle peut pour son propre compte dompter l'obstacle qu'elle rencontre et remplir à l'égard de la marine à voile son rôle puissant d'auxiliaire.

Niveau différent des deux mers, boues du lac Menzaleh, sables mobiles et rochers de l'isthme, périlleuse navigation de la mer Rouge, tous ces fantômes menaçants évoqués contre le canal de Suez se dissipaient devant le sérieux examen de la science.

Une dernière objection pouvait s'élever encore : était-il bien nécessaire de sacrifier tant de millions à la création d'un transit par eau, alors qu'entre les deux mers un chemin de fer pouvait transporter les voyageurs et les marchandises ?

Dès l'année 1855, la création d'une ligne ferrée entre le Caire et Suez avait été résolue :

elle fut achevée deux ans plus tard. Cette voie rapide a rendu depuis lors d'immenses services au commerce ; mais est-ce à dire qu'elle puisse suffire pleinement à ses besoins ?

« Les avantages que présente le chemin de fer de l'isthme, au point de vue de la vitesse sont incontestables en ce qui concerne les voyageurs et la messagerie, dit M. Paulin Talabot, mais ils disparaissaient complétement lorsqu'il s'agit de marchandises. On peut admettre en effet qu'un navire du commerce marchant nuit et jour, halé, s'il est de faible tonnage, par des chevaux organisés en relais, et dans le cas contraire, par un remorqueur à vapeur, fera, vu la lenteur nécessaire pour la conservation des talus, seulement cent kilomètres par jour, et que, tous retards compris, il parcourra le canal en quatre jours pleins, en sorte que, le cinquième jour après son entrée dans le canal, il sera à la voile dans l'autre mer.

« A côté de ce résultat, supposons un navire de six cents tonneaux arrivant à Suez, et admettons qu'un autre navire, nolisé et préparé d'avance, attende à Alexandrie le chargement du premier ; on aura à exécuter les manœuvres suivantes : débarquer la cargaison sur le quai de Suez, la remettre en wagons, la décharger sur le quai d'Alexandrie, et la mettre à bord du navire méditerranéen. Le navire venant de l'Inde perdra au moins un jour pour venir se mettre à quai et se préparer au débarquement ; la marchandise débarquée le premier jour parviendra au plus tôt à Alexandrie le surlendemain.

« Ce n'est donc que le cinquième jour à partir de l'arrivée du navire de l'Inde qu'on pourrait commencer le chargement du navire européen, et comme le chargement et l'arrimage de ce navire exigerait au moins cinq jours, il en résulte que le temps employé à travers l'isthme serait, dans ce cas, de neuf jours au moins au lieu de quatre. Encore, ai-je supposé qu'un navire prêt à partir attendait le chargement à Alexandrie ; mais, s'il n'en est rien, si ce port ne contient aucun navire disponible, s'il faut attendre un nolissement, qui peut dire jusqu'où iront les pertes de temps et d'argent ? »

La cause du Canal de Suez n'est-elle pas gagnée au point de vue des intérêts commerciaux par cette simple comparaison des deux modes de transit?

Le 25 avril 1859, lundi de Pâques, un petit groupe de travailleurs et d'ingénieurs se rassemble sur la plage de Port-Saïd : tous tiennent une pioche à la main ; le drapeau égyptien est planté dans le sable du désert et il flotte au dessus de leurs têtes comme pour les protéger eux et leur œuvre ; un homme sort des rangs et il dit d'une voix émue :

« Au nom de la compagnie universelle du canal maritime de Suez et en vertu des décisions de son conseil d'administration, nous allons donner le premier coup de pioche sur le terrain qui ouvrira l'accès de l'Orient au commerce et à la civilisation de l'Occident ! »

Cet homme, c'était M. Ferdinand de Lesseps. Dix ans se sont écoulés depuis le coup de pioche de Port-Saïd ; l'Orient et l'Occident sont unis.

NOTES DU CHAPITRE VI

NOTE, page 122

Les membres de la Commission Internationale étaient pour :

1° La France. MM. Renaud, inspecteur général et membre du Conseil des Ponts-et Chaussées ; et Lieussou, ingénieur hydrographe de première classe.

2° L'Angleterre. MM. Rendel, Mac-Clean et Harry-Hewett.

3° L'Autriche. M. de Négrelli.

4° La Prusse. M. Lentze, directeur des travaux de la Vistule.

5° La Hollande. M. Conrad, inspecteur du Vaterstaat.

6° Le Piémont. M. Paléocapa.

7° L'Espagne. M. Cypriano Segundo Montesino, directeur des travaux publics à Madrid.

NOTE, page 123

La Commission d'exploration se composait de MM. Conrad, de Négrelli, Mac-Clean, Renaud, Lieussou, Ferdinand de Lesseps, Linant-Bey, Mougel-Bey, Barthélemy Saint-Hilaire.

NOTE, page 130

« On prétend que les bâtiments trouveront une navigation dangereuse dans la mer Rouge, parce que cette mer est étroite. Mais, nous avons des mers plus étroites encore, où les bâtiments naviguent sans difficulté. Le golfe Adriatique, la Manche sont moins larges que la mer Rouge, qui a cinq cent soixante lieues de long, et dix ou douze lieues de largeur dans les endroits où elle est le plus étroite, et cinquante lieues dans les endroits les plus larges. Elle a de plus des nuits fort claires, ce qui aide beaucoup à la navigation.

« Sous les tropiques, où est située la mer Rouge, les nuits sont magnifiques. Si l'on y a toujours navigué avec des barques non pontées, c'est qu'on n'y craint pas les tempêtes. Il y a des vents variables près des côtes comme dans tous les golfes, des vents du matin et du soir.

« Avant l'adoption de la navigation à vapeur qui est

récente, puisqu'elle ne date pas de plus de trente ans, on ne naviguait qu'à la voile. Eh bien! dans l'antiquité, on a vu les flottes de Salomon dans la mer Rouge ; on y a vu dans les temps modernes celles des Vénitiens et des Portugais, qui y ont navigué fort à l'aise et qui s'y sont livré des combats.

Lorsqu'en 1828, le Parlement anglais fit une enquête pour savoir si un bâtiment à vapeur pourrait naviguer dans la mer Rouge, il se trouva des hommes politiques qui prétendaient que les steamers ne pourraient pas franchir le détroit de Bab-el-Mandeb contre les moussons.

Il y a, dans le pays voisin, un grand ministre, au sujet duquel j'ai dit dans une autre enceinte, qu'il avait l'hydrophobie de la mer Rouge. Cet homme d'État ne désire pas qu'on aille aux Indes par cette voie. Afin d'empêcher l'établissement de la navigation à vapeur dans la mer Rouge, on disait que les bâtiments à voiles pouvaient seuls franchir les moussons. Aujourd'hui, on soutient tout le contraire, et l'on déclare, en Angleterre, que les bateaux à vapeur seuls peuvent naviguer facilement dans la mer Rouge. C'est ainsi que raisonnent toujours les adversaires d'une entreprise nouvelle qui dérange les vieilles combinaisons. »

(Ferdinand de Lesseps. — Conférence à la salle Barthélemy).

CHAPITRE VII

LE CANAL D'EAU DOUCE

Le chantier de travail qui s'ouvrait devant M. de Lesseps et ses ouvriers, c'était le désert, c'est-à-dire un sol où la faim, la soif, ne trouvent ni l'aliment, ni l'eau qui leur est nécessaire : en un mot, il fallait lancer et maintenir pendant huit ou dix années une armée de travailleurs dans des régions où la moindre caravane ne pouvait alors subsister qu'à grand'peine.

Pour creuser le canal maritime de Suez, on devait donc tout d'abord trouver le moyen de rendre possible la vie des ouvriers dans l'isthme :

il fallait, à tout prix, amener l'eau jusqu'au milieu des sables brûlants.

Au début des travaux, dans la partie septentrionale de l'isthme, sur les rives du lac Menzaleh, on se procurait l'eau douce dans quelques puits isolés, ou en la faisant venir de Damiette, ou enfin en distillant l'eau salée de la mer et du lac : la tonne d'eau douce apportée de Damiette coûtait cinq francs, la tonne distillée à Port-Saïd en coûtait vingt-cinq.

Une négligence, un accident ou quelque entrave causée par la malveillance suffisaient à jeter les ouvriers dans la plus pénible situation et à troubler les travaux.

Il importait de recourir à des moyens plus efficaces, surtout à mesure qu'on allait avancer vers le centre de l'isthme : la création d'un *canal d'eau douce* fut résolue : au mois d'avril 1861, trois mille fellahs commencèrent à le creuser.

Il y avait autrefois en Égypte une contrée dont le nom est resté légendaire comme un synonyme de fécondité, c'était le domaine des Hébreux, la *terre de Gessen*, ou *terre des pâturages*. Les irrigations du Nil, habilement dirigées et soigneusement entretenues, avaient fait un véritable jardin de ce territoire situé entre la vallée du fleuve et les confins des solitudes de Suez.

Aujourd'hui la terre de Gessen s'appelle l'*Ouady-Toumilat*. Depuis le temps des Pharaons, ce sol fertile, négligé par suite des multiples révolutions et invasions qui ont passé sur l'Égypte, était devenu aride comme un avant-poste du désert ; — l'eau l'avait jadis fécondé ; pour le féconder encore, il fallait lui ramener l'eau.

Ce problème avait frappé la haute intelligence de Méhémet-Ali : un jour, en revenant de la Mecque, ce prince traversa la terre désolée de Gessen et il se promit de lui rendre sa splendeur d'autrefois.

Pour réaliser ce projet, il conduisit, du Nil jusqu'au milieu de l'Ouady, deux canaux qui se réunissaient dans le lac Maxamah à peu près à égale distance de Zagazig et d'Ismaïlia, le *Canal Mahmoudieh* et le *Canal Cherkaoué*.

Ainsi, M. de Lesseps trouva en partie commencé le grand travail d'irrigation qu'il allait achever : il rencontrait en entrant dans l'Ouady une terre déjà remise en culture, et une population d'arabes vouée aux travaux de la campagne : champs et colons révélaient par avance ce que deviendra un jour le pays de Suez.

Huit années se sont écoulées depuis que la compagnie du canal maritime a continué dans l'Ouady l'entreprise de Méhémet-Ali : la transformation est aujourd'hui complète : les habitations, les jardins, les mille exploitations de l'industrie agricole ont surgi sur le passage de l'eau douce ; dattiers, oliviers, orangers croissent sur les rives comme dans une pépinière ; le mûrier surtout s'y développe en véritable forêt, et le jour n'est pas loin, où l'isthme naguère infertile nous enverra les plus magnifiques richesses de la soie.

Le panorama qui est à la fin de ce volume fait saisir clairement le tracé du canal d'eau douce. Nous le voyons, à partir de Zagazig, prolonger l'ancien canal de Méhémet-Ali ; puis avant d'arriver à Ismaïlia qu'il atteint par un embranchement dont nous parlerons tout à l'heure, il se courbe vers le Sud, suit une ligne à peu près parallèle à celle du Canal maritime, en longeant les lacs Amers, passe au pied des montages de Geneffe et enfin aboutit à Suez.

Dix-sept mètres de largeur au plan d'eau ; huit mètres au plafond ; une profondeur de deux mètres vingt-cinq centimètres ; une longueur de cent soixante quinze kilomètres environ ; telles sont les proportions du canal d'eau douce : il n'est donc pas seulement une source d'irrigation, il est aussi une véritable voie navigable auxiliaire du canal maritime.

Pour comprendre l'importance du canal d'eau douce, non-seulement au point de vue de la Compagnie dirigée par M. de Lesseps, mais au point de vue des intérêts généraux de l'Égypte et du transit commercial à travers l'isthme, il faut se faire une idée exacte de l'état déplorable auquel était réduite la ville de Suez, avant la création de ce conduit bienfaisant. Cette cité, que sa position géographique appelle à un si grand avenir, ne vivait à certaines époques de l'année, comme un navire en mer, qu'à l'aide de l'eau conservée dans des caisses de fer, que le chemin de fer du Caire lui apportait ! A Suez, l'eau à moitié salubre était le privilége des riches : les pauvres s'abreuvaient comme ils pouvaient ou mouraient de soif.

Quand M. de Lesseps eut commencé d'acheminer vers cette ville misérable le canal d'eau douce qui devait lui donner la vie et l'aisance, l'Angleterre, ou pour parler plus justement lord Palmerston se retrouva sur sa route : il fallait encore pour le cabinet britannique dénigrer, et, s'il était possible, retarder l'œuvre victorieuse déjà par la force morale et qui allait être bientôt triomphante par la force des faits.

Nous empruntons à un curieux livre sur le canal de Suez[1] une citation qui, sous une forme humoristique, nous fait assister à une scène de haute comédie diplomatique, si tant est qu'il puisse y avoir quelque chose de comique dans les petites menées d'une politique qui se croit grande par des calculs égoïstes.

« Un fonctionnaire anglais habitant Suez « avait tant dit, tant répété par ordre, que le « canal maritime était un leurre et le canal « d'eau douce une chimère, qu'il avait fini par « y croire. Les choses se passaient sous ses « yeux cependant, il était trop éclairé pour ne « pas en pouvoir juger la portée ; mais point : « l'oracle avait prononcé par la bouche de « lord Palmerston : ni canal maritime, ni ca- « nal d'eau douce n'étaient possibles.

« Cette conviction prit même chez lui de « telles proportions qu'il alla jusqu'à offrir sa « bourse en holocauste à la divinité opiniâtre et

[1] *Promenade dans l'isthme de Suez*, par Casimir Leconte, ancien administrateur des Messageries impériales.

« aveugle de l'esprit de parti. Afin de démontrer par des preuves matérielles que l'arrivée de l'eau douce à Suez était une hallucination de M. de Lesseps, il se mit à construire un appareil distillatoire pour opérer sur l'eau de mer et fournir d'eau potable ces grands navires qui viennent presque chaque jour mouiller en rade de Suez et les habitants de la ville eux-mêmes. Sûr de son fait, quand on lui parlait d'eau douce, il montrait avec orgueil son usine presque prête à fonctionner et disait : « Voilà le vrai canal ! »

« Or, pendant que notre brave Anglais s'apprêtait à distiller la mer Rouge, le canal si décrié faisait son entrée tout doucement et arrivait en vue de Suez. Le jour était pris pour l'inauguration, les estrades d'honneur se couvraient de tapis et de tentures d'apparat, les discours officiels s'élaboraient dans le silence du cabinet, les fourneaux de l'hôtel Shembri fumaient à l'envi, la champagne frémissait, impatient de prendre le rang

« qui lui est dû dans toute solennité de ce genre ;
« rien ne pouvait ébranler une conviction si
« robuste. Lord Palmerston (le vieux Pam,
« comme l'appellent familièrement ses compa-
« triotes), lord Palmerston avait parlé, le
« doute n'était plus permis. Enfin, le jour ar-
« rive, la digue s'abaisse, l'eau du canal s'é-
« lance joyeusement, entraînant avec elle les
« barques des ingénieurs ; le problème est
« résolu, que dire ? que faire ? L'évidence était
« là qui coupait court à toute discussion.

« Le fonctionnaire anglais, ne pouvant ré-
« cuser le témoignage de ses yeux, et sentant
« que s'il persistait dans sa voie il allait avoir
« maille à partir avec le ridicule, s'est tiré en
« homme d'esprit et de sens d'une position
« difficile. Il a réservé ses appareils distilla-
« toires pour une meilleure occasion : il est
« allé trouver l'ingénieur du canal pour lui de-
« mander une concession d'eau qui lui permit
« d'arroser son futur jardin : il a gaiement re-
« connu qu'il s'était trompé, et a même poussé

« le bon goût jusqu'à boire publiquement dans « un banquet à la santé de M. de Lesseps. »

Le jour où l'eau douce parvint à Suez, une espèce de délire s'empara des malheureux Arabes qui ne pouvaient croire à ce qu'ils voyaient : ils puisaient à ces flots, ils s'y plongeaient ; les uns étaient éperdus de joie, les autres frappés de stupeur : quelques-uns déploraient comme une profanation la prodigalité d'une telle richesse ; — le miracle d'Horeb était de nouveau réalisé !

Le canal d'eau douce alimentait l'isthme vers le sud ; mais pour remplir son but, il devait encore se diriger vers Ismaïlia, centre des travaux, et, de là en remontant vers le Nord mener ses eaux jusqu'à Pord-Saïd, au bord de la Méditerranée.

A Ismaïlia s'est faite la jonction des deux canaux : depuis lors, cette ville est la clef de la navigation maritime et fluviale de l'Égypte ; à partir d'Ismaïlia jusqu'à Port-Saïd, l'eau douce est conduite à l'aide de simples tuyaux de fonte et non pas à l'aide d'un canal, car elle n'a de ce côté d'autre utilité que de servir à l'alimentation.

Qu'on saisisse d'un coup d'œil le double réseau du canal maritime et du canal d'eau douce, tels qu'ils existent aujourd'hui, après le complet achèvement des travaux : le canal maritime coupe l'isthme par une ligne droite de Port-Saïd à Suez : une saignée ouverte à Ismaïlia fait déboucher dans son sein un affluent du canal d'eau douce; — ainsi de Suez ou de Port-Saïd, en suivant le canal maritime, les bateaux légers peuvent pénétrer dans l'autre canal, traverser l'Ouady, se rendre au Caire et, de là, remonter ou descendre le Nil.

Quel plus magnifique bassin se rencontra jamais dans aucun pays ! Le commerce universel et le commerce intérieur de l'Égypte se confondront désormais en un commun et incessant contact qui fera de cette terre privilégiée la plus riche contrée du monde.

Le plus curieux épisode de l'histoire du canal d'eau douce est certainement le concours qu'il a prêté à l'introduction des grandes machines dans la tranchée creusée devant le seuil du Sérapéum pour le canal maritime. Un barrage d'environ deux cents mètres séparait cette tranchée du lac Timsah où arrivaient déjà les eaux de la Méditerranée. Il fallait, sans détruire le barrage, conduire les dragues et autres engins dans le bassin du Sérapéum : on ouvrit une saignée qui rejoignit le canal d'eau douce à cette sorte de lac ; pour le remplir, on profita d'une crue du Nil ; puis, il n'y eut plus qu'à remorquer les appareils de travail jusqu'au lieu où ils devaient fonctionner.

Cette opération exigea un labeur gigantesque : trente dragues énormes vinrent, comme des machines de guerre, prendre position devant l'obstacle qu'il s'agissait d'emporter : une partie d'entre elles s'arrêtèrent devant le Sérapéum ; les autres descendirent, toujours par le canal d'eau douce, jusqu'à Suez, pour, de là, remonter le canal maritime à mesure qu'elles contribueraient à le creuser.

Les anciens égyptiens ont tracé sur les bas-reliefs que nous conservons dans nos musées le tableau de leurs efforts, alors qu'ils s'attelaient par peuplades entières pour traîner des obélisques et des colosses jusqu'au lieu où ils voulaient les ériger : le remorquage des grandes dragues sur le canal d'eau douce présenta un spectacle analogue : des centaines d'hommes hâlaient en marchant le long des berges, ces formidables machines qui, parfois, s'empêtraient entre les rives, s'engravaient ou semblaient prêtes à rebrousser sous la violence du vent contraire.

On n'a pas assez d'épithètes louangeuses pour les soldats d'Annibal ou de Bonaparte hissant leur matériel de guerre jusqu'au sommet des Alpes, et l'on craint presque de tomber dans une exagération hyperbolique en parlant avec admiration des travailleurs qui ont remorqué sous le soleil du désert les dragues du canal de Suez : cela est vulgaire, semble-t-il ; cela ne prête à nulle émotion poétique ; mais, cela pourtant a plus fait que les marches belliqueuses à travers les Alpes et que les batailles qui les ont suivies.

NOTES DU CHAPITRE VII

NOTE, page 148

Extrait du compte-rendu de l'inauguration du canal d'eau douce.

« Il se consommait à Suez, au minimum, pour 1,200,000 francs d'eau par an ; le chemin de fer en apportait pour 800,000 francs sur lesquels le gouvernement égyptien perdait 400,000 francs. Des chameaux en amenaient des fontaines pour 400,000 francs.

« La Compagnie du canal épargne donc à la ville de Suez 1,200,000 francs de dépenses et fait bénéficier le gouvernement égyptien de 400,000 francs.

L'eau coûtait, pour une famille arabe, 45 francs par mois, aujourd'hui elle ne coûte plus rien. »

NOTE, page 146

« Suez, écrivait M. Barthélemy Saint-Hilaire en 1855, n'a pas une goutte d'eau ; celle que lui fournirait l'oasis des fontaines de Moïse, et qui est à plus de trois lieues, n'est bonne que pour les chameaux. On va donc la chercher, pour l'avoir meilleure, à une distance double, et dans des réservoirs qui reçoivent la pluie, quand il en tombe ; et, comme elle y est peu abondante et qu'elle tarit plus d'une fois, il faut souvent la prendre encore plus loin.

« C'est du Caire que venait celle que nous avons emportée nous-mêmes dans notre exploration de l'isthme; et, notre caravane étant fort nombreuse, puisqu'elle comptait près de cent personnes, notre provision d'eau exigait à elle seule trente cinq chameaux. Suez n'a pu nous en fournir. Qu'on juge de la situation habituelle d'une cité de 5,000 âmes qui n'a pas dans son sein la moindre ressource pour satisfaire cet indispensable besoin Aussi la ville de Suez n'a-t-elle pas un seul arbre, un seul brin d'herbe, une seule fleur ; et il y a bien des gens qui naissent et meurent dans ses murs sans pouvoir se faire une idée de ce que c'est que la verdure et la végétation. Par une suite nécessaire, le marché à l'eau a pris un développement exceptionnel, et le précieux liquide s'y vend parfois à des prix exorbitants. On m'a cité des époques d'affreuses disettes où le litre d'eau s'est payé jusqu'à 30, 40 et 45 centimes, et encore n'en avait-on pas à discrétion.

(Barthélemy Saint-Hilaire. — *Lettres sur l'Égypte*).

CHAPITRE VIII

LE CANAL MARITIME

Dès le premier jour, les ingénieurs du canal maritime rencontraient sur leur parcours une redoutable difficulté : après avoir franchi la plage, où bientôt allait s'élever la ville de Port-Saïd, ils se trouvaient en face du lac Menzaleh, vaste amas de boues que les eaux du Nil, par les branches Pélusiaque et Tanitique, ont accumulées depuis des siècles.

Devant un tel obstacle. M. de Lesseps lui-même se sentait pris de doute : le succès ou l'échec, sur cette frontière de l'isthme, devait assurer la réalisation du futur canal ou l'annihiler dès son début.

Il fallait ouvrir un chenal à travers les eaux fangeuses du lac, et, à l'aide des vases retirées du fond, construire des berges solides sur un sol mobile : on devait, en outre, défier, pendant l'accomplissement des travaux, les émanations pestilentielles qui s'élèvent habituellement du sein des marécages.

Ce problème eut été peut-être insoluble sans les conditions exceptionnelles du climat d'Égypte : sous le soleil de cette contrée, l'argile élevée en talus se désséchait immédiatement, prenait la consistance d'une véritable muraille, et les vapeurs malsaines étaient aussitôt absorbées par les rayons ardents qui en détruisaient les pernicieuses influences, que corrigeait aussi l'extrême salure du lac.

La tâche était rude : les ouvriers n'y pouvaient suffire qu'à force de bon vouloir et presque d'héroïsme ; à ce premier poste de combat, on eut soin de n'employer que des volontaires :

les contingents de fellahs, envoyés plus tard en corvée par le Vice-Roi, n'y prirent aucune part : tous les travailleurs du lac Menzaleh y vinrent de leur plein gré et avec la connaissance complète des épreuves qu'ils allaient endurer.

Il est vrai que la compagnie rencontra parmi les riverains du lac des hommes tout préparés au labeur qu'on exigeait d'eux.

Ces indigènes, habitant depuis de nombreuses générations, les bords de cette mer de boues, exercés à pêcher dans ses bas-fonds, à conduire leurs barques et à les remorquer à travers les vases, ne craignaient pas de se livrer à des travaux qui eussent effrayé des ouvriers européens.

Pour ouvrir la première artère du chenal, ils s'avisèrent d'un moyen tout primitif, que nul ingénieur ne leur eût conseillé, mais qui, dans sa simplicité extrême, a été plus efficace que ne l'eussent été peut-être les procédés d'une industrie plus savante : ils entraient dans l'eau jusqu'à la ceinture, prenaient dans leurs mains autant de vase qu'ils en pouvaient saisir, la pressaient fortement contre leur poitrine pour la solidifier, puis ils l'amoncelaient en bourrelets à droite et à gauche.

A eux seuls, ces braves gens réussirent à ouvrir sur quarante-cinq kilomètres d'étendue un chemin de quatre ou cinq mètres de largeur: les dragues vinrent ensuite et achevèrent l'œuvre qu'ils avaient ébauchée.

Pour garantir aux berges ainsi édifiées, une solidité suffisante, on prit soin de les étendre, par leur côté extérieur, dans une largeur de cent cinquante à deux cents mètres; quant à leur côté intérieur, au lieu de les tailler en talus nettement coupés sur une largeur de soixante mètres, qui eût été rigoureusement suffisante au passage de deux grands navires, on les inclina, sur cent mètres d'ouverture, en une pente douce que le mouvement des flots causé par les grands bâtiments ne peut détériorer ni détruire.

Des magasins, des édifices nombreux ont été établis sur les berges du lac Menzaleh, sans qu'elles aient jamais fléchi.

Les adversaires du canal avaient répété à satiété que si son orifice débouchait sur la plage de Péluse, bientôt les sables poussés par les flots de la Méditerranée l'obstrueraient et y élèveraient une barrière sans cesse renouvelée.

La compagnie, qui venait de fonder sur cette rive, naguère déserte, la ville de Port-Saïd, s'empressa de chercher les moyens d'en faire un sûr asile pour la marine, qu'elle allait bientôt convier au transit de l'isthme, et d'y élever un rempart qui protégeât le canal contre l'ensevelissement dont il était menacé. On se mit à l'œuvre pour construire deux immenses jetées s'étendant au devant de la rade, l'une à l'est sur une longueur de dix-neuf cents mètres et l'autre à l'ouest sur une longueur de deux mille cinq cents mètres : ainsi l'entrée du port et du canal se trouvait reportée dans la mer, bien au delà du point où l'invasion des sables était à craindre : entre les deux bras des jetées, les dragues donnaient facilement la profondeur d'eau dont on avait besoin et la double muraille garantissait le maintien de ce niveau.

Les jetées de Port-Saïd seront à jamais citées parmi les plus grands ouvrages d'art qu'ait créés l'art de l'ingénieur : elles sont les dignes rivales de la merveilleuse jetée de Cherbourg et elles ont été construites d'après le même système.

On trouvait dans l'isthme même des gisements capables de fournir les pierres nécessaires à ces gigantesques constructions, mais il parut plus avantageux d'avoir principalement recours à l'emploi de blocs artificiels : des entrepreneurs connus par leurs travaux à Marseille, à Cherbourg et à Alger, MM. Dussault frères furent chargés de fabriquer les masses de ces rochers factices destinés à supporter l'assaut des vagues.

Du sable et de la chaux combinés, d'après une méthode particulière aux inventeurs tels sont les éléments des blocs de MM. Dussault ; ce mélange, liquide d'abord, est enfermé dans de grandes caisses de bois, qui lui font prendre la forme et les dimensions qu'on veut lui donner : il sèche dans ce moule pendant une quinzaine de jours, et il est ensuite exposé durant trois mois à l'air qui achève de le solidifier : alors il a atteint la dureté du roc et on peut l'employer comme la pierre de taille. Vingt-cinq mille de ces blocs, ayant chacun un volume de dix mètres cubes, ont été immergés dans la mer, devant Port-Saïd.

Entre le lac Menzaleh et le lac Timsah, se dressaient les dunes d'El-Ferdane et le *seuil* d'El-Guisr.

On objectait aux projets de la compagnie du canal maritime le *seuil* d'El-Guisr, comme on lui avait objecté les boues du lac Menzaleh : c'étaient en effet, dix millions de mètres cubes à enlever : ils s'étendaient sur dix kilomètres de longueur et s'élevaient à dix mètres au dessus du niveau de la mer.

Il a fallu, pour faire tomber ce rempart naturel, l'assaut d'une armée de dix-huit mille ouvriers fellahs creusant une tranchée immense à travers le *seuil* : avec les déblais rejetés des deux côtés de cette tranchée, ils ont dressé des parapets énormes qui la garantissent contre les tourbillons de sable du désert.

« Nous avons, a dit M. de Lesseps dans une de ses conférences, élevé les terres jusqu'à soixante pieds de hauteur. Nos fellahs les apportaient sur le haut de la tranchée dans des paniers appelés couffins. Les ingénieurs ont fait le calcul qu'en mettant tous les paniers employés à ce travail les uns à côté des autres, on formerait une ligne qui ferait trois fois le tour du globe. Ceci donne une idée de la grandeur de l'ouvrage ! »

Le 18 novembre 1862, le seuil d'El-Guisr, ouvert par la pioche des ouvriers de la compagnie du canal maritime, livrait accès aux flots de la Méditerranée dans le lac Timsah. C'était une triomphante prise de possession du désert : après un tel pas, il n'était plus permis de reculer et il n'était plus au pouvoir de personne d'arrêter ceux qui s'étaient donné mission d'avancer.

Aussi, M. de Lesseps voulut-il célébrer l'introduction des eaux de la Méditerranée dans le lac Timsah par une grande solennité : il réunit le cheick des ulémas, le pope grec, l'évêque catholique d'Alexandrie, les consuls européens et, au milieu de ces personnages, devant une foule considérable, il prononça ces mots :

« Au nom de S. A. Saïd-Pacha, je commande que les eaux de la Méditerranée soient introduites dans le lac Timsah par la grâce de Dieu ! »

Les derniers barrages tombèrent et les flots se précipitèrent comme impatients de rejoindre ceux de la mer Rouge.

Depuis le bassin du lac Timsah jusqu'à Suez, il restait encore à enlever vingt-cinq millions de mètres cubes ; — mais cette tâche de Titan n'était que la conclusion toute simple de celle qu'on avait déjà accomplie. La grandeur des obstacles n'effrayait ni les ingénieurs, ni les ouvriers : en 1868, M. de Lesseps, racontant les travaux gigantesques de la compagnie, s'écriait avec fierté: « Au Trocadéro, en face de l'Exposition du Champ de Mars, on a enlevé en six mois, au milieu de toutes les ressources du travail et de la civilisation, quatre cent mille mètres cubes; nous autres, au milieu du désert, nous enlevons mensuellement plus de trois fois le Trocadéro ! »

M. V. Cadiat, l'un des ingénieurs du canal, écrivait à la même époque : « Ce n'est pas peu de chose qu'un cube de treize cent mille mètres, comme celui que nous remuons par mois. Pour en avoir une idée, qu'on imagine l'avenue des Champs-Elysées couverte sur toute sa longueur d'une montagne de 100 mètres de base et de 28 mètres de hauteur au sommet ; qu'on imagine encore la place Vendôme couverte de terre jusqu'à quatre fois la hauteur des maisons qui la bordent [1]. »

[1] *De la situation des travaux du Canal de Suez*, par V. Cadiat, 1868.

Les lacs Amers, vaste bassin desséché depuis des siècles, n'opposaient aucune difficulté sérieuse au passage du canal; plus loin on renouvelait devant le *seuil* du Sérapéum les rudes efforts qui avaient emporté le seuil d'El-Guisr.

Une partie du Sérapéum fut attaquée à sec; plus tard, dans la tranchée ouverte, on introduisit l'eau du canal d'eau douce, détournée ainsi que nous l'avons raconté dans le chapitre précédent, et les dragues, fouillant alors la sable transformé en boue, achevèrent ce qu'avait commencé la pioche.

A El-Guisr, au Sérapéum, les énormes masses de terre retirées des excavations ont créé autour du canal des retranchements qui le protégent contre les mouvements des sables poussés par le vent du désert; dans les parties basses, là où ce danger était surtout à craindre, on a eu recours à un moyen employé dans d'autres contrées pour arrêter l'envahissement des dunes: on a d'abord fiché des palissades, dressé des haies sèches, puis, derrière ce rempart avancé, on a fait de nombreuses plantations, dont les racines, en peu d'années, mettront le sol à l'abri de toute fluctuation.

C'est seulement à Chalouf-el-Terraba, à seize kilomètres en avant de Suez qu'on rencontra l'unique banc de rochers qui se soit présenté dans le parcours du canal : « C'était, dit M. de Lesseps, une masse de vingt mille mètres cubes, ayant la forme d'une lentille. On a établi, de chaque côté de la tranchée creusée à bras d'hommes jusqu'à la couche rocheuse douze plans inclinés. Au dessus de chacun de ces plans fonctionnait une locomobile à vapeur qui, au moyen de chaînes sans fin, amenait dans les tranchées des wagons vides et les remontait pleins. Tous les matins on faisait éclater deux à trois cents mines et, dans la journée, les fragments de roche épars sur le sol étaient ramassés, jetés dans les wagons et transportés sur le bord des berges. C'est ainsi qu'en huit mois le travail a été exécuté. Le rocher de vingt mille mètres a disparu. »

Au delà de Chalouf, le dragage s'opérait sans difficulté : on l'a poussé jusqu'à quinze cents mètres, en avant de Suez, au milieu des flots mêmes de la mer Rouge pour offrir un commode accès aux grands navires; et, à l'aide des terrains enlevés par les dragues, on a construit un vaste quai, dont la propriété sera une véritable richesse pour la compagnie.

L'année 1869 aura vu, à quelques mois de distance, la Méditerranée envahir les lacs Amers, puis cette mer confondre ses eaux avec celles de la mer Rouge.

Le 18 mars, une foule d'environ trois mille personnes était accourue au bord des lacs Amers pour assister à la rupture du dernier barrage qui séparait encore les flots venus de Port-Saïd du magnifique bassin où ils allaient enfin s'étendre : le Vice-Roi, Ismaïl-Pacha, présidait lui-même cette cérémonie ; tout à coup, à un signal donné, les digues furent rompues, et, majestueuse, une cascade immense jaillit en bouillonnant dans la profondeur des lacs, tandis qu'une acclamation enthousiaste se mêlait au bruit des eaux ; saisi d'admiration pour l'œuvre grandiose qui s'achevait sous son règne, le Vice-Roi ne pouvait retenir ses larmes et il se jetait dans les bras de M. de Lesseps.

A l'heure où ce livre est publié, s'accomplit l'inauguration suprême : des princes, des hommes d'État, des savants, des littérateurs, des artistes, des représentants de tout ce qui, en ce monde, domine par la puissance ou l'intelligence, franchissent le canal ouvert d'une mer à l'autre, comme pour habituer, dès le premier jour, ses eaux à porter le poids des hautes destinées, des idées multiples et diverses, à s'assimiler le courant des intérêts sociaux et moraux, qu'elles sont destinées à faire circuler jusqu'aux extrémités de l'univers.

NOTES DU CHAPITRE VIII

NOTE, page 163

« Nous avons passé des contrats pour exécuter, en quatre ans, à Port-Saïd, des jetées, afin d'arriver dans la mer à la profondeur de 8 à 9 mètres.

« Entre les jetées on creusera, avec les dragues à vapeur, le chenal qui permettra aux bâtiments de passer de la mer dans le canal maritime.

« Pendant qu'on creusera ce chenal, les sables poussés par les vents régnants et les tempêtes, et par le mouvement des lames de fond, viendraient certainement boucher la tranchée au fur et à mesure qu'on la fera, si l'on n'avait la précaution de leur opposer l'obstacle qu'indique l'art de l'ingénieur, c'est-à-dire des jetées se prolongeant dans la mer jusqu'au point où le mouvement des sables ne s'opère plus. Tel est le principe des jetées pour empêcher l'encombrement des chenaux par lesquels passent les navires.

« Les sables ne sont pas autre chose que le produit de la corrosion des rochers qui bordent les mers. Les débris de rochers détachés peu à peu par les vagues, deviennent des galets qui, roulés par les flots pendant des siècles, vont se détachant en molécules et forment ainsi le sable, et ce sable, poussé sur la plage, séché au soleil et enlevé par le vent, forme à la longue des dunes qui garnissent certaines côtes. C'est pour préserver l'entrée du chenal de l'envahissement de ces sables qu'on a déterminé à Port-Saïd deux jetées à la mer...

« On me fait très-souvent cette objection que l'entrée dans la mer est impossible parce que les sables viendront l'obstruer. On ne peut pas nier l'existence des sables, ni leur mouvement, mais on leur oppose un obstacle; et l'obstacle, je viens de vous le dire, c'est la jetée. Les sables viennent s'amonceler dans l'angle qui est formé par la jetée et le rivage. En général, on ne calcule pas que les sables puissent s'avancer au-delà des fonds de 5 à 6 mètres ; or, la jetée devant être poussée jusqu'au fond de 9 mètres, il se passera plusieurs siècles avant qu'on ait à craindre, dans des circonstances très-défavorables, et que nos ingénieurs ne prévoient pas, l'arrivée des sables vers la tête de la jetée. Dans ce cas, nos arrières-petits neveux en seraient quittes pour prolonger la jetée de quelques mètres. Vous voyez donc qu'il n'y a pas de difficulté insurmontable, et que rien n'empêchera la conservation de l'entrée du canal, lorsque les jetées auront été faites à la profondeur voulue. »

(Conférence faite en 1864 à l'*Association Phylotechnique* par M. Ferdinand de Lesseps).

NOTE, page 160

« Dans toute l'étendue des grands fonds des lacs Amers, sur une longueur de 16 kilomètres et demi, il n'y a aucun déblai à exécuter.

« Quand on descend dans le bassin de ces lacs et qu'on arrive au fond, on traverse d'abord une zone de gypse et d'autres sels de chaux, premier sédiment des matières les moins solubles laissés par l'eau de mer remplissant autrefois ces bassins, lorsque leur communication avec la mer Rouge s'est trouvée interrompue, et qu'elle a commencé à se concentrer sous l'effet de l'évaporation. On passe ensuite sur une zone de terrain noirâtre, humide, très-mou, qui doit cet état à des infiltrations souterraines, et aussi sans doute à la déliquescence des chlorures déposés par l'eau de mer, qui n'arrivent jamais à se dessécher complétement. Enfin, au centre et reposant sur ces terrains, on trouve le banc de sel déposé pendant la dernière période de concentration de l'eau des bassins. Ses dimensions sont considérables : son épaisseur, qui atteint quelquefois jusqu'à 7 ou 8 mètres, est en moyenne de 3 mètres ; il a 13 kilomètres de long ; sa plus grande largeur est de 6 kilomètres.

« Qu'on imagine un immense gâteau de sel, épais de 2 à 3 mètres, couvrant une superficie plus grande que celle de Paris, et on aura une idée du cube de sel qui se trouve là.

« Le niveau de la zone de terrains mous qui le circonscrit est plus bas que la partie supérieure de ce banc, et celle-ci est en beaucoup de points à une cote inférieure du plafond du canal.

« Dès que l'eau sera introduite dans le bassin, ce banc de sel commencera à se dissoudre; on peut conclure d'expériences que l'on exécute en ce moment que cette dissolution se fera rapidement, et que tout le banc de sel sera fondu quand le bassin sera rempli. Le chenal navigable aura donc, non pas seulement l'étendue occupée aujourd'hui par le banc de sel, mais encore celle de la zone de terrains noirs qui sont en contre-bas, et la profondeur sera de 7 à 10 mètres. Ce ne sera donc pas un chenal qu'on aura, mais une véritable passe de 16 kilomètres de long et de 6 à 8 kilomètres de large, où les navires pourront naviguer et évoluer comme dans un grand détroit.

« Mais la ligne d'eau du lac, quand il sera rempli aura beaucoup plus d'étendue; ce sera une véritable mer, qui dans le désert, sera sans doute d'un effet grandiose. Cette étendue sera telle que, quand on sera sur un navire placé à un bout, et qu'on regardera dans le sens de sa longueur, l'horizon se dessinera par une ligne d'eau nette comme celle qui limite la vue en pleine mer. »

(*De la situation des travaux du canal de Suez en février* 1868; par V. Cadiat, ingénieur).

CHAPITRE IX

LES MACHINES ET LES OUVRIERS

Les forces mécaniques de l'industrie, les forces physiques de l'homme n'ont jamais peut-être accompli en commun une tâche plus vaste que le creusement du canal de Suez.

Il n'est pas sans intérêt d'examiner quels engins puissants, véritables esclaves de fer et d'airain, ont collaboré à cette œuvre ; de dire aussi comment les bras et la volonté des ouvriers ont rivalisé avec le jeu formidables des machines.

Que cette entreprise immense eût été tentée, il y a cinquante ans seulement, alors qu'on ébauchait les premières expérimentations de la vapeur, il eût fallu entasser dans l'isthme des peuples entiers, les faire travailler pendant d'interminables années, renouveler peut-être au milieu des fatigues et des souffrances de tout genre ces effrayantes hécatombes humaines que les despotes antiques sacrifiaient sans pitié à la réalisation de leurs projets.

Les machines du canal de Suez n'ont pas seulement eu le mérite de mener à bien un travail qui, sans elles, eut sans doute été impossible ; par-dessus tout, elles ont eu le mérite d'épargner la vie de quelques milliers d'homme : il est permis de les étudier avec autant de curiosité et plus de sympathie que les instruments de guerre dont nos inventeurs se montrent si prodigues.

Nous avons raconté comment les indigènes du lac Menzaleh, creusaient vaillamment le chenal en fouillant la boue avec leurs mains ; les dragues vinrent à leur tour remuer le sol à l'aide de leurs godets de fer, pareils à des mains géantes qui puisaient dans la vase, rejetaient les déblais, les entassaient, à la fois ouvrant le canal et élevant ses berges.

La drague, — voilà, par excellence, la machine de combat dans cette lutte de l'industrie : c'est elle qui assiége l'isthme, comme la baliste antique assiégeait les murs des villes; c'est elle qui ouvre la brèche dans ce rempart naturel et livre passage aux colonnes d'assaut !

Construites dans un but spécial, d'après des plans combinés en vue des conditions où il s'agissait d'opérer, les dragues de Suez sont des machinestypes qui n'ont pas de précédents analogues et qui serviront de modèles, si jamais sur un autre théâtre l'art de l'ingénieur renouvelle une semblable entreprise. Véritables navires de fer, portant et logeant une énorme machine à vapeur, elles accomplissent leur œuvre avec une puissance qui étonne l'imagination; cette œuvre, la voici : dirigées par douze hommes, elles font le travail que mille hommes feraient à peine ; elles remuent en dix heures quinze cents mètres cubes, — trois millions de kilogrammes !

Les lourds godets mordent le sol, et remontant incessamment leur charge, ils l'apportent au *long couloir* qui la prend et la conduit où il faut qu'elle soit déchargée ; on dirait une association de colosses, s'entr'aidant les uns les autres par un mutuel effort.

« Figurez-vous, dit M. de Lesseps, une fois et demie la longueur de la colonne Vendôme, coupée par le milieu, appliquée au haut de la drague par un bout, déversant par l'autre au loin les produits du dragage, et formant au milieu du canal comme un pont volant.

« Les dragues pourvues de cet appareil et construites de manière à l'utiliser ne déversent pas les déblais, comme le font les dragues ordinaires, dans des bateaux qui viennent les accoster. Elles amènent d'un seul jet les déblais directement sur les berges, et cela à des distances de 60 à 70 mètres.

. . . .

« Cet appareil est une des plus heureuses innovations parmi celles que les besoins gigantesques des travaux ont déjà fait naître ; et le spectateur le plus indifférent, comme l'ingénieur le plus expérimenté, est vivement frappé par la vue de cette immense machine, qui, creusant le milieu du canal, verse au delà de ses bords des torrents d'eau et de terre.

« Nous avons assisté au travail d'une drague à long couloir, qui a donné un déblai de dix-huit cents mètres cubes en dix heures. »

Le *long couloir* s'étend depuis la drague jusqu'aux berges comme une sorte d'aqueduc ; comme une sorte de tour roulante, l'*élévateur* se dresse le long des talus : haut échafaudage de fer, qu'on peut conduire sur des rails au point où il doit fonctionner, il reçoit les wagons chargés de terre que lui amènent les chalands : il les élève entre ses montants et les déverse par un mouvement de bascule sur le sommet des tertres qu'on veut achever.

Les chalands-flotteurs et les gabarres à clapets forment l'attirail naval qui vient en aide à tout l'attirail terrestre que nous venons de décrire. Ce sont ces bateaux qui emportent les déblais dont on veut se débarrasser: ils les jettent à la mer ou les immergent dans quelques parties du canal.

Le chaland est divisés en plusieurs grands compartiments ou caisses, dont le fond, s'ouvrant à volonté, laisse tomber son chargement dars les eaux profondes ; la gabarre est destinée à déposer les déblais dans des endroits peu creux : aussi, ce n'est pas par le fond qu'on la décharge : sur ses parois, des espèces de portes s'ouvrent comme des sabords et livrent passage au sable ou à la terre qu'elles retenaient.

Dragues, longs-couloirs, élévateurs, chalands-flotteurs, gabarres à clapets latéraux, — l'énumération n'est pas longue, et cet ensemble de machines étonne plus encore par sa simplicité que par la force qu'il déploie.

Dès l'année 1862 dix campements sont dressés dans l'isthme : Suez, Chalouf, Gjebel-Geneffé. le Sérapéum, Toussoum, El-Guisr, Ferdane, Kantara, Raz-el-Ech, Maxamah ; — vingt-six mille hommes travaillent.

Des magasins, des ambulances, des hôpitaux, un service médical régulier sont établis; un incessant va-et-vient de marchandises et de vivres circule au sein du désert.

Pendant les premiers temps de l'installation sur les chantiers de travail, la compagnie eut grand'peine à rassembler les ouvriers qui lui étaient nécessaires : les Européens étaient rares ou ils se rebutaient vite devant les obstacles : le changement de climat et d'existence, la nostalgie mettaient la désertion dans leurs rangs. On comprit qu'en un tel pays, des hommes acclimatés d'avance et surtout les populations indigènes pouvaient seuls suffire à la tâche qu'on voulait accomplir.

Des ouvriers Grecs, Dalmates, Arméniens, Arabes furent appelés de tous côtés: étrange mélange de races et de langues, mélange plus étrange encore de caractères, de mœurs, de religions. C'était une sorte de Babel, — mais la Babel de la régulière organisation.

M. de Lesseps avait trouvé un secret fort simple pour avoir raison de tous ces hommes : « expulser celui qui ne voulait pas travailler, laisser partir celui qui n'avait pas envie de rester. »

« Nous avons, racontait-il dans un de ses entretiens, maintenu les populations qui sont venues à nous, sans un gendarme, sans un sergent de ville. J'ai souvent voyagé seul ou avec un simple domestique arabe, la nuit comme le jour, et jamais je n'ai eu la moindre crainte ni couru le moindre danger.

« Tout le monde vit là dans la plus parfaite harmonie. La sécurité existe dans le désert sans autorité d'aucune espèce. Seulement, il y a le travail, car là où il n'y a pas le travail, on ne peut vivre en sécurité. »

Il y aurait mille anecdotes curieuses à recueillir sur ces travailleurs venus de régions différentes et inaccoutumés la plupart au genre de travail qu'on leur demandait : ils avaient leurs méthodes à eux, et ils n'entendaient pas s'en départir ; nous avons dit que les indigènes du lac Menzaleh préféraient leurs mains à la pelle pour fouiller la boue : les fellahs envoyés par le vice-roi refusaient de se servir de la brouette, il leur semblait beaucoup plus simple de porter la terre sur leur tête ou sur leur dos dans un mauvais panier.

Les fellahs, ces hommes appartenant à la classe la plus pauvre de l'Égypte ont été le plus nombreux et le plus solide contingent de cette laborieuse armée. Ils ont su, grâce à leur énergie, à leur patience, à leur sobriété, supporter la fatigue d'un travail sous le soleil du désert.

Pourquoi ne pas le dire ? Dans l'accomplissement de cet ouvrage qui va préparer à l'Égypte de si belles destinées, ce sont les plus humbles, ce sont les plus déshérités de ses enfants qui, au prix de leurs sueurs, ont préparé son magnifique avenir : puisse-t-elle se souvenir d'eux ! puisse-t-elle comprendre que les nations s'élèvent en vain par leur opulence et le triomphe de leurs intérêts matériels, si elles ne songent à reconnaître les droits de tout homme né dans leur sein, à respecter son individualité et à accroître sa dignité morale !

Quand Nécos, dans l'antiquité, fit, suivant Hérodote, la première tentative de jonction des deux mers, quatre-vingt mille hommes périrent de misère en exécutant cette tâche ; à une époque bien rapprochée de nous, quand Méhémet-Ali creusa le canal Mahmoudieh, trente mille malheureux succombèrent en six mois. De tels désastres étaient une leçon pour la compagnie du canal maritime de Suez: elle comprit qu'elle devait établir dans l'isthme un service médical régulièrement organisé et s'efforcer, en facilitant l'alimentation des travailleurs, en leur procurant de l'eau et des logements, de les placer dans les plus favorables conditions hygiéniques.

Les mesures de la prudence avaient été prises; l'état sanitaire des travailleurs, pendant dix ans, a été meilleur qu'il n'eût été dans beaucoup de contrées de l'Europe, même en France; mais cette laborieuse population devait payer son tribut au fléau qui déjoue toutes les prévisions de la science. Au mois de juin 1865, le choléra éclatait dans l'isthme: les pèlerins de la Mecque avaient apporté la terrible maladie qui allait franchir la mer et poursuivre sa course jusqu'à Paris.

Dès la première nouvelle, M. de Lesseps quittait la France et accourait à Port-Saïd; son dévouement ne parvint qu'à rétablir un peu d'ordre au milieu des travailleurs épouvantés et à régulariser la retraite des fuyards: la maladie frappait des coups terribles. Au lieu de creuser le canal, on creusait les fosses des morts.

Le Président de la compagnie payait intrépidement de sa personne: il visitait les hôpitaux, soutenait le moral de ses hommes et attendait que l'épidémie eût fini son œuvre, pour que le travail reprît la sienne. Le champ de bataille s'était jonché de victimes; mais on n'avait pas un instant renoncé à la victoire.

Nous parlions tout à l'heure des fellahs : ils ont été l'occasion d'une des plus graves accusations portées contre la compagnie du canal de Suez par ses adversaires. Les fellahs, disait-on, surtout en Angleterre, étaient traînés de vive force sur les chantiers : sous prétexte d'une œuvre civilisatrice, on ne craignait pas de mettre en pratique les plus barbares violences de l'esclavage...

Il importe de préciser les faits. Quand M. de Lesseps obtint de Mohammed-Saïd la concession du canal, il se trouva en face d'un ordre de choses existant en Égypte : les fellahs, classe inférieure, longtemps injustement déshéritée de tout avantage social, jouissaient enfin, en droit au moins, d'une amélioration récente : le gouvernement, qui naguère se déclarait seul possesseur du territoire, leur avait cédé la propriété des terres qu'ils cultivaient moyennant un impôt payable pour une partie en nature et pour l'autre partie en argent.

A ces obligations se joignait une corvée de travail : les fellahs étaient tenus de fournir annuellement un certain nombre d'hommes pour l'entretien des canaux qui arrosent l'Égypte et assurent sa fécondité : c'était une sorte de conscription appliquée aux besoin de l'agriculture.

Lorsque M. de Lesseps voulut chercher dans l'Égypte même des travailleurs pour le creusement du canal de Suez, il ne rencontra pas d'ouvriers absolument libres: il fallait ou renoncer à employer les hommes du pays ou demander au gouvernement du vice-roi de détourner vers l'isthme une partie des fellahs qu'il eût employés à d'autres corvées.

En prenant ce dernier parti, le président de la compagnie du canal maritime n'aggravait en rien la position de ces indigènes : les faits prouvèrent bientôt qu'au lieu de les traiter en esclaves, on entendait les élever à la dignité de travailleurs rétribués suivant leur peine et en raison de leur droit légitime.

Oui, la compagnie du canal de Suez a demandé au vice-roi que des contingents de fellahs fussent envoyés sur ses chantiers ; mais, si elle a fait travailler pour elle ces hommes que la loi de leur pays eût forcés de travailler ailleurs, elle s'est fait un devoir de les payer comme elle eût payé des ouvriers européens : elle les a traités avec humanité; elle n'a jamais souffert qu'un châtiment corporel fût infligé à aucun d'eux.

Ce serait, d'ailleurs, manquer à la vérité, que d'attribuer exclusivement à la compagnie du canal de Suez l'honneur d'avoir respecté les droits des fellahs en ne prenant leur travail qu'en échange d'un salaire.

Voici, d'après M. de Lesseps, les conseils qui sortaient spontanément de la bouche du généreux Mohammed-Saïd: « Il faut commencer par payer les fellahs; il faut qu'ils sachent que le travail, pour lequel ils n'ont jamais eu de rémunération, leur sera payé. J'aurais contre moi tous les grands du pays et tous les propriétaires, si, dès à présent, j'affranchissais les fellahs, et je n'aurais aucun moyen de maintenir l'existence de l'Égypte, si je les affranchissais immédiatement de toute espèce de travail obligatoire.

« Eh bien, je commence par établir avec vous les conditions de leur paiement. Du moment qu'ils pourront rapporter dans leurs villages un petit pécule, le travail deviendra en Égypte un attrait, ce qu'il n'a jamais été. »

Mohammed-Saïd possédait une armée de trente mille hommes : il la réduisit à dix mille pour en envoyer vingt mille aux travaux de l'isthme, de façon à ne pas charger la population agricole.

Ainsi ramenée à la réalité des faits, la corvée, cette institution si contraire à nos mœurs modernes, perd beaucoup de son apparence tyrannique, et, peut-être, par certains côtés, répond-elle à une idée de progrès, comme le fait remarquer M. de Lesseps: « Le fait d'avoir engagé des hommes qui étaient appelés au recrutement militaire pour les faire travailler à l'isthme, a été le commencement de l'émancipation, à tel point qu'aujourd'hui même on est arrivé, en Égypte, à proclamer ce principe qu'on devra désormais recruter pour les travaux de la paix les hommes qu'on recrute dans d'autres pays pour les travaux de la guerre. »

Les Bédouins, les nomades du désert se sont volontiers associés au travail bien nouveau pour eux qui s'accomplissait dans l'isthme : l'eau les attirait, les fascinait: ils se disaient que la richesse et le bien être devaient se trouver à côté des hommes dont la volonté faisait couler à travers les sables ce précieux liquide : ils savaient aussi qu'auprès d'eux, ils trouveraient une protection loyale.

M. de Lesseps, qu'il faut sans cesse citer, en parlant du sujet qui nous occupe, a raconté modestement par quelle habileté honnête, il a su captiver ces défiantes tribus :

« J'avais fait appeler, dit-il, l'iman de la mosquée de notre principal village, et je lui avais demandé quels étaient les moyens qu'il faudrait employer pour attirer les populations. « Il n'y en a qu'un, me dit-il, c'est d'être juste. Lorsque vous voulez attirer des pigeons, vous jetez du grain, et les pigeons viennent; voulez-vous appeler des hommes, semez la justice, et ils viendront. » Lorsque nous avons acquis les terrains de l'Ouaddy, ajoute M. de Lesseps, il ne s'y trouvait que cinq mille âmes; quatre mois après, la population était de dix mille âmes. En Orient, comme partout, le progrès marche vite, là où règne la justice. »

NOTE DU CHAPITRE IX

NOTE, page 187

Extrait du *Rapport sur l'état sanitaire et médical des travailleurs et des établissements du canal maritime de l'isthme de Suez.* Année 1867 - 1868; par le docteur L. Aubert-Roche, médecin en chef de la compagnie.

ETAT SANITAIRE GÉNÉRAL DANS L'ISTHME DE SUEZ.

POPULATION ET MORTALITÉ.

Population en	1865.	10,500
— —	1866.	18,605
— —	1866.	25,770
— —	1868.	34,258

La population dans l'isthme progresse donc comme les travaux.

Nous n'avons plus affaire seulement à une population de travailleurs, mais à des négociants, des marchands, des marins, des artisans, etc, etc, qui comprennent que bientôt le canal sera ouvert et qui veulent profiter de l'avenir.

On peut dire aujourd'hui que l'isthme est peuplé et qu'il n'y a plus de désert; les travailleurs abondent; des commerçants, industriels se sont établis; la population forme des centres et devient sédentaire.

Les Arabes et les Grecs sont les plus nombreux; puis viennent les Français, les Autrichiens, les Italiens et autres nationalités; presque tous sont acclimatés et jouissent d'une santé robuste.

La population se divise comme il suit :

Race blanche : Européens, Grecs, Turcs, etc., employés, ouvriers et marchands :

Hommes.	14,118
Femmes.	1,417
Enfants.	575
Total	16,110

Race indigène : Arabes, Barbarins, Noirs; ouvriers, serviteurs et marchands.

Hommes.	13,627
Femmes.	2,229
Enfants.	2,285
Total	18,141

Total général : 34,251.

Cette population occupe les chantiers de Suez à Port-Saïd; elle vit au milieu des travaux, des terres remuées.

Cette année environ 15,000,000 de mètres cubes, ont été fouillés et transportés soit sur les berges du canal, soit jetés à la mer ou dans les lacs. Or, quel a été le chiffre de la mortalité ?

C'est là le criterium de la santé des populations et de la salubrité du pays.

Nous pouvons garantir les chiffres de la mortalité de la race blanche.

Quant aux chiffres de la race indigène, ils sont presque exacts. Depuis l'établissement du gouvernement égyptien dans l'isthme, tout ce qui concerne l'état-civil des indigènes ne ressortant plus de nos agents, nous ne pouvons vérifier tous les renseignements qui nous sont donnés.

Toutefois, s'il y a des erreurs, elles doivent être bien minimes et leurs conséquences sur les chiffres proportionnels sont entièrement nulles.

Race blanche.

Hommes : population, 14,118 ; mortalité, 199 ; proportion, 1 52 0/0.

Femmes : population, 1,417 ; mortalité, 12 ; proportion, 0.91 0/0.

Hommes, femmes : population 15.535 ; mortalité 211 ; proportion, 1,41 0/0.

Race indigène.

Hommes : population, 13,627 ; mortalité, 231 ; proportion, 1.84 0/0.

Femmes : population, 2,229 ; mortalité, 9 ; proportion 0,45 0/0.

Hommes, femmes : 15,856 ; mortalité 240 ; proportion 1.64 0/0.

Race blanche et indigène.

Hommes et femmes: population, 31,391 ; mortalité, 439 ; proportion, 1.51 0/0.

Nous n'avons rien à dire après ces chiffres éloquents constatant la salubrité de l'isthme et la santé des travailleurs.

Toutefois, comme terme de comparaison, nous ajouterons :

Race blanche et indigène.

Hommes, femmes et enfants : population totale, 34,251 ; mortalité, 563 ; proportion, 1.78 0/0.

La mortalité en France est de 2,40 0/0

CHAPITRE X

PORT-SAID, ISMAILIA, SUEZ

L'isthme de Suez est rempli de ruines ; il y a des vestiges à Péluse, à Tennis, à Kantara, au bord du lac Timsah, au Sérapéum, aux environs de Suez ; partout on y retrouve les traces de villes disparues ; — des villes y renaissent !

Déjà, il ne faut plus dire le *désert* quand on parle de cette contrée : les campements éphémères ont fait place aux cités et il n'y a plus de nomades en ces lieux que les navires qui les traversent.

Neuf années se sont écoulées depuis que l'exploration a désigné sur la rive inhabitée de la

Méditerranée une place prédestinée, où devaient s'élever des édifices, se creuser des bassins et s'ouvrir l'entrée du canal maritime : cette place, alors point ignoré du monde, s'appelle aujourd'hui Port-Saïd.

Un sentiment de reconnaissance pour le prince qui accorda la concession du canal a dicté le nom de la ville naissante.

Port-Saïd devait être la station des bâtiments qui, un jour, entreraient dans l'isthme : elle devait servir de quartier-général aux ingénieurs qui allaient entreprendre les travaux : ce rôle futur a inspiré sa construction et lui a donné sa physionomie actuelle : Port-Saïd est un bassin entouré de chantiers.

Quand nous lisons dans les historiens anciens le récit de la fondation d'une ville, ils nous parlent tout d'abord de l'enceinte fortifiée qu'on a élevée autour de ses limites, de la citadelle ou du capitole, qui s'est dressé en son point culminant comme le symbole de sa future puissance : ainsi se sont passées les choses à Port-

Saïd : dès le premier jour on lui a donné des remparts contre l'ennemi qui la menaçait, — on a bâti des jetées dans la mer; on lui a donné en guise de citadelle une tour lumineuse, qui appelât à elle les navigateurs et lui fit une garnison de navires, — on a bâti un phare.

Jetées, phare, bassins, forges, scieries, tout ce que peut construire l'art de l'ingénieur et tout ce qui lui sert à construire, voilà Port-Saïd : une ville-atelier : elle est subitement issue du désert et elle a servi à le refouler.

Des monuments, elle n'en a pas : les véritables édifices de cette cité improvisée, ce ne sont pas ses maisons basses, construites en légers matériaux, ce sont les grandes dragues qu'elle met en chantier, les blocs artificiels qu'elle fabrique, c'était l'appareil distillatoire qui lui fournissait l'eau douce avant que les tuyaux de fonte ne la lui amenâssent de Timsah.

A part le *Quai Eugénie* et le *Boulevard de la Cannebière*, les noms des quatre ou cinq rues de Port-Saïd suffisent à peindre cette ville :

rue du Commerce; rue de la Scierie; rue de l'Arsenal; puis, le *Bassin du Commerce;* le *Bassin des Ateliers;* — on croit entendre un bruit de marteaux et un mugissement de vapeur.

Nous parlons seulement du quartier européen; plus loin, le long de la plage, vers l'Ouest, se rencontre le quartier arabe : là, plus d'usines, plus de tumulte puissant et laborieux; mais le grouillement d'une population misérable, qui est comme l'expression vivante de la détresse du désert, et qui vit, chétive, à l'abri du large déploiement de la civilisation, épanouie à deux pas d'elle.

Une dizaine d'hommes, en 1860, établissaient un campement sur l'emplacement où allait s'élever Port-Saïd : aujourd'hui, une population de dix mille habitants y est installée.

Quand, pour la première fois, un enfant naquit de parents européens dans la ville nouvelle, M. de Lesseps voulut le tenir sur les fonts de baptême et il lui donna les noms de

Ferdinand-Saïd, pour résumer en lui les affections qu'il avait vouées à la cité naissante comme à sa fille adoptive.

Port-Saïd et Suez sont les portes de l'isthme : Ismaïlia en sera la capitale.

Que l'on comprenne bien cette situation unique dans le monde : Ismaïlia domine désormais la plus importante des voies maritimes ; grâce au lac Timsah, elle possède une rade merveilleuse, véritable bassin intérieur, où nulle tempête ne peut assaillir les navires qui s'y abritent ; Port-Saïd et Suez sont des ports de passage admirablement placés ; mais Ismaïlia est, par excellence, un lieu de repos et de ravitaillement que la nature a préparé au milieu du plus fertile pays du monde.

Et pour l'Égypte, quel entrepôt ! Elle a compris que là était l'avenir de son commerce : elle pouvait déjà communiquer avec Ismaïlia, grâce au canal d'eau douce ; cette voie ne lui a pas suffi, elle a renoncé à son ancien chemin de fer du Caire à Suez et, par une courbe, elle l'a reporté vers la cité nouvelle.

Quoique née d'hier, Ismaïlia semble avoir conscience de ses futures destinées : elle se donne dès maintenant des allures de capitale : Port-Saïd est la ville du travail rude et sévère, Ismaïlia est la ville de l'élégance : c'est elle qui, la première, introduit dans l'isthme les raffinements de la vie européenne.

Elle a de gracieux châlets, qui semblent apportés des environs de Paris qui dominent les belles eaux du lac Timsah ; elle a des magasins, où se mêlent à de fantaisistes étalages les produits du goût français et ceux du goût oriental ; elle a déjà des promenades avec des arbres, — cette merveille au milieu du désert, — et sur sa plage est installé un établissement de bains de mer ; à certains jours, comme au Havre ou à Dieppe, des régates animent son bassin. Le temps est proche où l'on ira passer l'hiver à Ismaïlia ainsi qu'on va le passer à Nice ou à Monaco.

Nous remarquions tout à l'heure que les noms des rues de Port-Saïd révèlent le caractère de cette ville; dans la nomenclature des rues d'Ismaïlia se manifestent également les prétentions de la future capitale; d'abord elle a souci de la politique : voici un hommage au plus illustre souverain de l'Égypte moderne : le *Quai Méhémet-Ali ;* ensuite, une courtoisie diplomatique à l'égard de la France et de l'Angleterre : l'*Avenue de l'Impératrice* et l'*Avenue Victoria;* enfin, Ismaïlia donne un souvenir à la science : la *Paléocapa*, la *Place Leibnitz* et la *Place Champollion.*

C'est une heureuse pensée que celle qui a rappelé la mémoire de Champollion aux lieux où l'Égypte renaît : le désert était une sorte d'hiéroglyphe indéchiffrable, un contre-sens sur le sol de ce pays : l'énigme est maintenant dévoilée et nous pouvons voir clair dans l'avenir de l'Égypte comme Champollion a vu clair dans son passé.

Suez; — ici commence un monde : Suez confine à l'Arabie; Suez a, devant elle, les flots de cette mer Rouge dont les côtes sont les frontières de déserts presque inconnus; Suez est la route de la Mecque et la route du Sinaï; Suez conduit aux Indes. Dans les autres parties de l'isthme, on sent encore le voisinage de la civilisation occidentale, à Suez on se trouve en face des régions africaines et asiatiques, par delà lesquelles on entrevoit l'Océanie.

Adossée au massif des monts Attaka, Suez est une ville de pittoresque aspect, pour les navigateurs qui la contemplent de la mer Rouge; elle a moins de prestige pour les voyageurs qui mettent pied à terre.

La vieille cité arabe, sordide, misérable et hideuse, subsiste encore, toute prête à engendrer la peste, le choléra et les autres fléaux orientaux; mais, le canal maritime, et avant lui, le chemin de fer ont commencé à la transformer : l'Europe s'est installée là; avant peu elle aura mis son empreinte sur cette station destinée à être le point de départ et d'arrivée de ses pérégrinations vers l'Océan indien.

La Compagnie du canal maritime dont la volonté a fait naître comme par enchantement Port-Saïd et Ismaïla s'occupe de créer à Suez un quartier, qui renouvellera l'ancienne ville ou plutôt la supplantera : ce quartier, jusqu'à présent ne se compose que d'un seul quai, construit à l'embouchure du canal, le *Quai Waghorn* : un jour sans doute, cette simple cale aura dans le monde commercial l'importance du Havre ou de Saint-Nazaire ; aujourd'hui, elle ne peut guère nous intéresser, qu'en nous donnant l'occasion de rappeler la mémoire de l'homme dont elle porte le nom.

En 1829, un officier de la marine anglaise, le lieutenant Waghorn conçut le projet de faire passer, à travers l'Égypte, le service des dépêches de l'Inde : il exposa son plan au gouvernement britannique et sollicita son appui.

Le plan de Waghorn eut le sort qu'ont si fréquemment les meilleures idées, quand elles ont le tort d'être des nouveautés : on le rejeta comme une utopie. Mais, Waghorn était un homme énergique : il avait foi dans son projet : il résolut de le mettre à exécution avec ses propres forces ; il eut le courage de se faire lui-même courrier ; pendant plusieurs années, on le vit à époques fixes aller et venir d'Alexandrie à la mer Rouge, portant les dépêches qu'on lui confiait, et démontrant ainsi jusqu'à l'évidence, combien le transit par l'Égypte était plus rapide que la vieille route par le cap de Bonne-Espérance.

Grâce à cette initiative, dans laquelle Waghorn a usé sa vie, l'attention publique s'est portée sur la voie de Suez, depuis si longtemps oubliée ; l'exemple du lieutenant anglais, a servi d'avance la cause du canal des deux mers plus que ne l'eussent pu faire bien des mémoires érudits et des théories scientifiques : ce sont les actes seulement qui ont le don de provoquer les actes.

M. de Lesseps, à l'heure du succès définitif

de son œuvre, s'est souvenu de Waghorn : il a donné le nom de l'énergique courrier au nouveau quai de Suez, et il a voulu que son buste fut érigé en face de la mer Rouge pendant les fêtes d'inauguration du canal maritime.

Nous avons vu, dans l'atelier du statuaire, M. Vital-Dubray, ce buste de proportions colossales [1]. L'artiste a été heureusement inspiré par la fière physionomie de son modèle : Waghorn, dans cette image, est frémissant de hardiesse et d'intelligente inspiration : le front est immense, encadré de cheveux longs et bouclés; les yeux ardents, entrevoient un but qui les fascine et les attire ; le nez, les lèvres semblent respirer largement le souffle qui passe à travers le désert et sur les flots : Waghorn ainsi sculpté est bien un précurseur, il dit : « En avant ! »

Voici l'inscription qui sera tracée sur le piédestal de ce buste :

« *La Compagnie universelle du canal mari-*

[1] Deux mètres de hauteur.

time de Suez a élevé ce monument à la mémoire du lieutenant Waghorn, né à Chatam en 1800, mort à Londres en 1849, qui, seul, sans appui, par une longue suite de labeurs et d'efforts héroïques a démontré pratiquement les avantages et déterminé l'adoption de l'établissement d'une route postale par terre à travers l'Égypte, destinée à desservir les communications entre l'Orient et l'Occident du monde.

« *La Compagnie universelle a voulu consacrer par cet hommage le souvenir de l'homme dévoué et infortuné qui a été l'initiateur et le premier pionnier de ce grand transit égyptien, maritime et commercial, complété par la création du canal des deux mers.* »

Qui n'applaudirait en voyant la France, oublieuse des antipathies de Palmerston, inaugurer le canal de Suez par ce délicat hommage à l'Angleterre ?

NOTE DU CHAPITRE X

NOTE, page 200

On a pu voir à l'Exposition de 1867, dans le pavillon de l'isthme de Suez, un remarquable projet de phare dû, comme le buste de Waghorn, au talent de M. Vital-Dubray.

Ce phare monumental, destiné à prendre place sur le quai de Port-Saïd, n'a pas été exécuté parce qu'on a craint qu'il n'entraînât des frais trop considérables : on s'est borné à élever un simple phare de forme ordinaire; mais nous tenons à rappeler cette belle conception qui fait le plus grand honneur à l'artiste et qui eût été citée comme l'un des travaux d'art les plus remarquables accomplis de nos jours.

M. Vital-Dubray avait imaginé de substituer à la tour nue et sans ornement qui soutient habituellement la lanterne des phares une gigantesque statue, creuse à l'intérieur contenant un escalier, des chambres, et portant sur sa tête une urne lumineuse.

Cette statue eût symbolisé par ses traits et ses attributs le génie de l'Égypte: debout au bord de la mer, dominant les flots de sa tête couronnée de feu, elle eût dignement figuré à l'entrée de la terre des Pyramides et des Sphynx : elle eût renouvelé dans les temps modernes l'antique merveille du colosse de Rhodes.

CHAPITRE XI

LE CANAL DE SUEZ ET LE COMMERCE MARITIME. — CONCLUSION

Enfin, le canal de Suez est un fait accompli : la route est ouverte, le commence va s'y engager.

Les avantages du percement de l'isthme n'ont jamais été contestés que par l'aveuglement ou la mauvaise foi ; dès maintenant, on peut prédire d'après des chiffres certains le tableau du mouvement de la navigation entre les deux mers.

La compagnie estime à un chiffre de onze millions de tonneaux environ le total du mouvement actuel de la navigation entre l'Occident et l'Orient.

Ce n'est pas qu'elle se fasse illusion sur les habitudes routinières et difficiles à rompre, qui peuvent quelque temps encore conduire certains navigateurs par la route qu'ils ont, jusqu'à ce jour suivie; mais, en présence de la simple comparaison des distances par la voie de Suez et par la voie du Cap, on ne peut hésiter un seul instant à proclamer de quel côté se reportera définitivement la marche des navires.

Nous donnons dans ce volume un planisphère qui démontre clairement la révolution opérée dans le commerce maritime par la jonction de la Méditerranée avec la mer Rouge.

Il suffit, pour avoir une idée nette de ce fait immense, de se reporter au planisphère que nous indiquons et de le comparer avec le tableau suivant :

INDICATION DES PORTS		Distance jusqu'à Bombay		Abréviation de la Distance
		par le Cap	par le Canal	
Constantinople.	Lieues.	6,100	1,800	4,300
Malte.	»	5,810	2,062	3,778
Trieste.	»	5,960	2,340	3,620
Marseille. . . .	»	5,650	2,374	3,276
Cadix	»	5,200	2,224	2,976
Lisbonne . . .	»	5,350	2,500	2,850
Bordeaux . . .	»	5,650	2,800	2,850
Le Havre . . .	»	5,800	2,824	2,976
Londres	»	5,950	3,100	2,850
Liverpool . . .	»	5,900	3,050	2,850
Amsterdam . .	»	5,950	3,100	2,850
St-Pétersbourg.	»	6,550	3,700	2,850
New-York . . .	»	6,200	3,761	2,439
Nouv.-Orléans.	»	6,450	3,724	2,726

Le canal de Suez verra passer dans ses eaux les plus grands bâtiments de la marine à voile et de la marine à vapeur; mais, s'il est destiné surtout à la navigation au long cours, il ne servira pas moins puissamment au développement du cabotage, déjà si actif sur les côtes de la Turquie, de la Grèce, de l'Autriche et de l'Italie.

La Grèce surtout, qui possède les premiers marins du monde, la Grèce qui, par ses îles nombreuses, s'étend vers toutes les rives orientales, remplira de ses flottes le nouveau Bosphore : qu'un jour, le percement de l'isthme de Corinthe vienne rendre plus faciles encore ses relations avec l'Adriatique et avec les Dardanelles, et cette nation peut redevenir ce qu'elle fut, aux jours les plus anciens de son histoire, la reine du commerce maritime de la Méditerranée.

Cette multitude de bâtiments qui, incessamment, iront et viendront de Port-Saïd à Suez, en se croisant dans le canal, nécessitait l'examen d'un difficile problème, que M. de Lesseps posait ainsi :

« *Rendre la traversée du canal la plus rapide et la plus sûre possible, pour tous les navires, dans la mesure de la conservation des travaux exécutés et dans les conditions les plus économiques pour la Compagnie.....* »

En un mot, après avoir ouvert une voie nouvelle, on a dû se préoccuper de déterminer les conditions de sécurité et de régularité qui en assureront l'usage.

Il est indispensable de présenter encore ici un tableau de chiffres pour faire connaître exactement les conditions d'espace, où devra se mouvoir la flotte commerciale, sans cesse rassemblée dans l'isthme.

De Port-Saïd à Suez, le canal mesure 162 kilomètres de longueur. Il peut se diviser en trois parties distinctes :

1° La partie, à grande section, où le canal a 100 mètres de largeur à la ligne d'eau et une section mouillée de 375 mètres carrés ;

2° La partie des seuils, où le canal a 58 mètres à la ligne d'eau et une section mouillée de 304 mètres carrés ;

3° La partie des lacs Amers où l'espace navigable est indéterminé.

Les 162 kilomètres de canal se divisent régulièrement ainsi qu'il suit, en partant de Port-Saïd:

Lac Menzaleh et lac Ballah, grande largeur .	60	kil.5
Seuil d'El-Guisr, petite largeur	15	»
Lac Timsah, grande largeur	8	1
Seuil du Sérapéum, petite largeur	10	»
Débouché dans les grands lacs Amers, grande largeur	4	4
Grands lacs Amers, largeur indéterminée. .	16	»
Petits lacs Amers, largeur indéterminée . .	20	»
Débouché du seuil de Chalouf, dans les petits lacs, grande largeur	2	»
Seuil de Chalouf, petite largeur	6	»
Plaine de Suez, grande largeur	20	»
Total.	162	kil.0

Il est évident que suivant le plus ou moins de largeur du canal, l'action produite sur ses berges par le passage des navires se fera sentir plus ou moins : aussi la Compagnie a-t-elle établi des limites de vitesse que les navigateurs devront respecter suivant le point où ils se trouveront : on conçoit facilement que la marche rapide d'un navire puisse avoir sur les talus resserrés de certaines régions du canal une influence fâcheuse qu'elle n'aura certainement pas sur les rives d'un large bassin comme celui des lacs Amers.

Le canal de Suez est venu à son heure, en ce temps où l'application de la vapeur, même dans la marine marchande, se substitue à l'usage de la voile : les steamers, les bâtiments express ou mixtes, qui marchent à l'aide des roues ou de l'hélice peuvent franchir le canal sans difficulté; mais les voiliers sont soumis à d'autres conditions de manœuvres; leur passage se compliquerait d'obstacles incessants si le remorquage à vapeur ne lui venait en aide.

La Compagnie du canal maritime, dès le début de son exploitation, possède une flotte de *cinquante-deux* remorqueurs qui conduiront les navires à voile d'une mer à l'autre. Une partie de ces bâtiments de service a déjà été employée pour le creusement du canal : des transformations ont approprié au service de remorquage trente-cinq *porteurs* de déblais.

Voici, d'après le rapport de M. de Lesseps, l'état actuel de cette flotte :

Trente-cinq porteurs transformés en remorqueurs de trente-cinq chevaux vapeur ;

Neuf remorqueurs de vingt-cinq chevaux, provenant du service de transit ;

Trois remorqueurs à aubes, provenant du matériel des entrepreneurs du canal ;

Un remorqueur puissant, à aube, qui faisait le service de la rade de Port-Saïd ;

Soit quarante-huit remorqueurs auxquels s'ajoutent :

Quatre remorqueurs puissants, à aubes, de la force d'au moins cent chevaux vapeur, capables de développer une force de quatre à cinq cents chevaux effectifs ;

Total : cinquante-deux.

Les gros navires, c'est-à-dire ceux qui dépassent la capacité de cinq cents tonneaux seront remorqués isolément ; les navires d'une moindre capacité passeront en groupe, réunis les uns aux autres ; quant aux bâtiments du petit cabotage, (ceux de trente tonneaux et au dessous), ils manœuvreront à leur guise, sans le secours d'un remorqueur, s'ilsne le réclament pas. Le passage des navires de dimensions exiguës ne peut créer un embarras pour la navigation du canal, et la Compagnie désire favoriser cette marine, qui apportera sur le parcours qu'elle a ouvert les éléments d'un actif négoce.

L'expérience pratique modifiera sans doute bien des choses dans les projets actuels et fixera bien des questions encore indécises, touchant l'exploitation du canal; elle déterminera par exemple les conditions dans lesquelles les trains de navires pourront se croiser, soit qu'on adopte un système de passage alternatif d'une mer à l'autre; soit, que par un système de garages prudemment espacés on permette aux bâtiments de se rencontrer sans courir le risque d'une collision.

Une dernière condition du transit reste à régler : quel sera le droit de péage exigé par la Compagnie pour la rémunérer de ses sacrifices pécuniaires?

L'acte de concession du canal l'a déterminé : d'après l'article 17 de cet acte, le chiffre maximum du péage ne doit pas dépasser dix francs par tonneau et par tête de passager : le tarif est le même pour les navires de toutes les nations.

Cet article, si simple en apparence, a soulevé une question délicate : le *tonneau* est une mesure maritime qui varie suivant les pays : quel type devait-on adopter et imposer aux navigateurs? La Compagnie s'est décidée pour le *tonneau* anglais quoiqu'il fût moins favorable pour elle que le *tonneau* français, mais parce qu'il semblait plus rapproché d'une juste moyenne.

Nous avons trouvé une haute pensée civilisatrice au début de l'œuvre de Suez : un sentiment d'équité préside à sa réalisation.

Et maintenant, si nous voulons embrasser d'un coup d'œil les futures destinées que le canal de Suez a préparées au monde, considérons-le dans ses rapports avec la situation actuelle des peuples, et envisageons le rôle que lui ont préparé les découvertes de notre siècle.

Il ouvre à l'Europe entière la porte de l'Asie : ce résultat si fécond au point de vue commercial a une bien autre portée au point de vue politique : il est une garantie de liberté pour l'univers.

Depuis quelques années, une puissance colossale, la Russie, enlace peu à peu les régions asiatiques, à la fois du côté de la Chine septentrionale et du côté de la Perse : elle s'apprête à lancer des chemins de fer vers Pékin, vers Téhéran, vers l'Inde, et, peut-être, elle rêve de réaliser une de ces conquêtes effrayantes comme en a vues l'antiquité.

La route de Suez place désormais toutes les nations européennes en face de la Russie dans ces lointaines contrées, dont elle semblait seule posséder la clef : si vite et si loin qu'elle aille, elle trouvera les peuples occidentaux qui iront aussi vite et aussi loin qu'elle.

Le globe, ceint d'un cercle télégraphique

traversé dans l'Amérique septentrionale par l'admirable chemin de fer du Pacifique ; ouvert aux navires que Suez peut conduire en ligne directe de New-Yorck aux Indes, en attendant que le canal de Panama leur permette de tracer leur sillage en suivant presque l'Équateur ; — le globe ne peut plus être la proie d'un despotisme gigantesque, car, en présence d'un attentat contre leur indépendance, les nations n'ont qu'à se jeter l'une à l'autre un cri d'appel et elles répondront et s'entr'aidront !

Les tentatives de conquêtes disparaîtront en raison même de la voie qui semble les rendre plus faciles : les peuples sans cesse en contact dans les régions les plus reculées se verront forcés de respecter, par une sorte de neutralité nécessaire, ces contrées qui eussent tenté naguère l'ambition et la cupidité de quelques-uns. Encore une fois, le monde sera ouvert : ne sera pas confisqué !

L'Inde, la Chine, la Cochinchine, ces vastes civilisations affaissées sous une immobilité séculaire, n'ont besoin que d'un contact incessant avec les races de l'Europe et de l'Amérique pour se reprendre bientôt à vivre de leur propre existence : elles se trouvent sur la grande route de l'Univers, il faudra bien qu'elles soient entraînées par le mouvement de ceux qui y marcheront.

Un monde nouveau s'ébauche dans l'archipel Océanien : l'Australie, peut-être avant la fin de ce siècle, sera le centre des transactions maritimes. Station naturelle placée entre les deux canaux de Suez et de Panama, métropole de la navigation dans les vastes mers de l'Inde et dans l'Océan Pacifique, elle sera le point de jonction de l'ancien et du nouveau continent.

Espérons que la vieille civilisation ne quittera pas les régions qu'elle éclaire ; qu'elle ne s'éteindra pas dans nos contrées d'Europe comme on l'a vu s'éteindre en tant de régions ; mais on peut affirmer qu'elle a, dès maintenant, son berceau préparé pour renaître plus jeune et plus féconde que jamais. Au milieu des mers naguère inconnues, au sein des îles où régnait la barbarie, elle s'est avancée, et, de là rayonnante, elle projette son éclat sur l'éclat qu'elle a jeté ailleurs. Le temps est proche où l'on dira Melbourne et Sydney comme on disait autrefois Athènes et Rome, comme on dit aujourd'hui Londres et Paris.

Il a fallu longtemps pour que les hommes pussent ainsi prendre possession de la terre et se faire une idée nette des mutuelles destinées qu'ils sont appelés à poursuivre : il leur a fallu se poser à eux-mêmes de grandes questions et multiplier bien des efforts.

Le canal de Suez était l'un de ces problèmes à l'ordre du jour depuis des siècles : le monde attendait sa solution : la France l'a donnée.

NOTES DU CHAPITRE XI

NOTE, page 220

Extrait du rapport de M. Ferdinand de Lesseps sur le transit des navires [1].

« Notre but est de nous attacher à faciliter les mouvements des navires. Il est reconnu que plus un navire marche vite, mieux il gouverne.

On ne regarde pas comme possible de laisser, dans un canal, toute latitude à ce sujet : en outre de la régularité des opérations qui veut qu'une vitesse soit limitée afin que les navires conservent entre eux la distance nécessaire, il est important de tenir compte de la récente exécution des travaux, de l'effet que peut produire le flot sur les berges qui ne sont pas encore couvertes de végétations protectrices. Mais d'un autre côté, cette vitesse ne saurait être réduite au dessous du terme nécessaire pour gouverner.

La question de vitesse est donc posée entre ces deux extrêmes : 1° nécessité de bien gouverner ; 2° conservation des travaux exécutés.

[1] Année 1868.

Deux opinions se sont produites à ce sujet sur lesquelles j'appelle plus spécialement votre examen, cette question de vitesse étant en quelque sorte capitale.

Nos ingénieurs, au seul point de vue de la conservation des berges et des talus, et réserve faite de quelques travaux d'enrochement à continuer pour leur protection, n'admettent que les vitesses suivantes pour les navires ayant une surface plongée au maître-couple de 50 à 60 mètres carrés ; savoir :

A la traversée des seuils, soit sur un développement de 31 kilomètres, une vitesse de 7 kilomètres à l'heure ;

Sur les portions du canal à grande largeur présentant un développement de 95 kilomètres, une vitesse de 8 kilomètres ;

Enfin, à la traversée des grands et petits lacs Amers, ensemble 36 kilomètres, une vitesse de 10 à 12 kilomètres.

Cette limite est-elle indispensable à la conservation des berges? La question nous paraît devoir être ainsi posée, parce qu'il est incontestable que plus la limite de vitesse pourra être augmentée dans les diverses parties du canal et plus seront grandes les facilités du passage, notamment pour les navires postaux, lesquels ont un immense intérêt à gagner du temps.

On a dit qu'il valait peut-être mieux commencer par limiter le plus possible la vitesse, en considération de la conservation des berges, l'expérience de quelques mois suffisant pour se rendre compte de l'effet produit par le flot. Mais, n'y a-t-il pas intérêt majeur à accorder, dès le premier jour, aux services postaux, qui représenteront un transit minimum de 100,000 tonnes la première année les facilités les plus larges? Et en augmentant les vitesses ne donne-t-on pas une garantie de plus de sécurité aux navires gouvernant mieux? En tenant compte de ces diverses considérations, la limite indiquée plus haut est-elle indispensable à la conservation des berges?

Tel n'est pas l'avis de notre chef du service de transit, qui admet les vitesses de 7 1/2 à 8 kilomètres dans le canal à petite section et de 10 kilomètres dans les grandes sections. Dans les lacs, la vitesse pourrait ne pas être limitée.

Dans la traversée des lacs Menzaleh et Ballah, soit une longueur de 60 kilomètres, la vitesse de marche des navires peut être aussi augmentée, car la berge ouest est garnie d'une ligne d'enrochements, destinée à protéger la conduite d'eau douce et les deux banquettes noyées se tapissent d'herbes marines très-vivaces qui défendent le terrain contre toute érosion.

Sur les canaux de Hollande, qui ont une profondeur de 5 m. 50 à 6 mètres, une largeur au plafond de 10 mètres, et des talus inclinés à 2 1/2 pour 1; on admet pour les grands bateaux à vapeur libre une vitesse de marche de 7 k. 5 à l'heure; 9 kilomètres pour ceux qui remorquent les grands navires de mer. Pour les bateaux à vapeur d'un faible tirant d'eau, à hélice ou à roues, une vitesse de 12 et même 15 kilomètres est admise. Aucune limite de vitesse n'est imposée aux voiliers marchant seuls ou halés.

Dans la traversée des lacs Amers, il sera d'autant plus nécessaire d'augmenter la vitesse des navires qu'ils auront à subir des effets de houle et de courants transversaux...»

FIN

TABLE DES MATIÈRES

425.— Abbeville, imp. Briez, C. Paillart et Retaux.

EXTRAIT DU CATALOGUE

DE LA

LIBRAIRIE P. BRUNET

EXTRAIT DU CATALOGUE

DE LA

LIBRAIRIE P. BRUNET

31, rue Bonaparte, à Paris

Pour recevoir de suite et *franco* les ouvrages portés sur le présent catalogue, il suffit d'en envoyer le montant en un mandat-poste.

AVIS. — Tout acheteur de 20 francs de livres a le droit de choisir *gratuitement* dans le présent catalogue pour une valeur de 3 francs de livres qu'il recevra *franco*.

Il n'est pas accepté de timbres-poste pour les sommes supérieures à deux francs.

A

L'Aigle noir des Dacotahs, par Jules B. d'Auriac (voir *Drames du Nouveau-Monde*). 1 vol. . . . . 2 fr.

Les Amours à coups d'épée, par Gourdon de Genouillac. 1 vol. . . . . . . 2 fr.

L'Art de conserver la vue, par A. Chevalier. Ouvrage utile à tous. 2e édit. 1 vol. grand in-18 avec 95 gravures. 1 fr.

Franco par la poste. . . . . 1 fr. 25

L'Astre du soir, par Devoille. Nouvelle édition. 1 vol. grand in-18. . . . . 2 fr.

Aventures d'un gentilhomme, par G. de la Landelle. 2 vol. . . . . . . 4 fr.

Première partie : *La Route de l'exil*. 1 vol.

Deuxième partie : *Le Manoir de Rosven*. 1 vol.

Avocats et paysans, par Raoul de Navery. 3e édition, 1 vol. grand in-18 jésus. . 2 fr.

B

La belle Drapière, par Élie Berthet. 1 vol. . . . . 2 fr. 50

IBLIOTHÈQUE DE LA SCIENCE PITTORESQUE

Collection de jolis vol. in-18 jésus à UN FRANC.
(*Franco par la poste* **1** *fr.* **25**).

NOMBREUSES ILLUSTRATIONS DANS LE TEXTE.

La plupart des ouvrages de cette bibliothèque ont été couronnés par la Société pour l'Instruction élémentaire.

Voyage sous les flots, rédigé d'après le journal de bord de *l'Éclair*, par Aristide ROGER (22 gravures).

Ma Maison. Histoire familière de mon corps, par W. HUGUES (48 gravures par Jules DUVAUX).

Les secrets de la plage, par J. PIZZETTA (83 gravures).

Histoire d'une feuille de papier, par J. PIZZETTA (36 gravures).

Histoire d'un morceau de charbon, par E. HÉMENT (52 gravures).

Les monstres invisibles, par Aristide ROGER (154 gravures).

Histoire d'un morceau de verre, par Jules MAGNY (56 gravures).

Histoire d'un grain de sel, par Henri VILLAIN (25 gravures).

La vie d'un brin d'herbe, par Jules MACÉ (161 gravures).

Histoire d'un rayon de soleil, par F. PAPILLON (70 gravures).

Le monde avant le déluge, par J. PIZZETTA (102 gravures).

Les habitations merveilleuses, par L. ROUSSEAU (74 gravures). 2 volumes en 1.

L'étincelle électrique, son histoire, ses applications, par Paul LAURENCIN (97 gravures).

Les grands phénomènes de la nature, par H. BENOIST (42 gravures).

D'autres volumes encore sont en préparation.

Le bivouac des Trappeurs, par Bénédict-Henry Révoil. 1 vol. grand in-18, 2e édition . . . . 2 fr. 50

Les bohêmes du Drapeau, par A. Camus.

Première série : *Zéphirs, Turcos, Spahis, Tringlos*, vignettes par Jules Duvaux. 1 vol. in-18 jésus. . . . . 2 fr. 50

Deuxième série : *La légion étrangère*. 1 vol. in-18 jésus. . . . . 2 fr. 50

(Chaque volume se vend séparément.)

Bonjour Philippe! Nouvelle. 1 vol. in-12. 1 fr. 50

La Bretagne, paysages et récits, par Eugène Loudun. 1 vol. grand in-18 . . 2 fr. 50

C

Le Capitaine aux mains rouges, par Raoul de Navery. 1 vol. grand in-18 . . . 2 fr.

La Caravane des Sombreros, par Jules B. d'Auriac (voir *Drames du Nouveau-Monde*). 1 vol. in-18 jésus. . . . . 2 fr.

Ce qu'il en coûte pour vivre. Roman de mœurs contemporaines, par J. Berlioz. 1 vol. . . . . 2 fr. 50

La Cendrillon de village, par Raoul de Navery. 1 vol. grand in-18 . . . . 2 fr.

La Chambre rouge, par la comtesse de Bassanville. 1 vol. . . . . 2 fr. 50

La Charrue et le Comptoir, par A. Devoille. Nouvelle édition. 1 vol. grand in-18 . . . . 2 fr.

La Chasse à l'Esclave, par Xavier Eyma. 1 vol. . . . . 2 fr. 50

Le Château de Maiche, par A. Devoille. 1 vol. grand in-18 . . . . 2 fr.

Le chercheur de Trésors, Mémoires d'un émigrant, par de Bellerive. 1 vol. in-18. 2 fr.

La Cloche de Louville, par DEVOILLE. Nouvelle édition. 1 vol. grand in-18. . . 2 fr.

Cœur-de-Panthère, par Jules B. D'AURIAC (voir *Drames du Nouveau-Monde*). 1 vol. in-18 jésus . . . . 2 fr.

Les contes du chanoine Schmid, 1re, 2e, 3e, 4e séries. 4 vol. grand in-18. . . 8 fr.

Chaque vol., formant une série, se vend séparément. . . . . 2 fr.

Les Contrebandiers de Santa-Cruz, par DE BRÉHAT. 1 vol. . . . . 2 fr.

Le Corsaire rouge, par Fenimore COOPER. Traduction nouvelle, édit. corrigée. 1 vol. grand in-18. . . . . 2 fr.

La cour d'un roi d'Orient, par B. H. RÉVOIL. 1 vol. grand in-18, illustré par Télory. 2 fr.

Les Cousines de l'Introuvable, par G. DE LA LANDELLE. 1 vol. grand in-18 . . 1 fr.

Le Cratère ou *le Robinson américain*, par Fenimore COOPER. Traduction nouvelle, édit. corrigée. 1 vol. grand in-18 . . 2 fr.

Les Croisés, par DEVOILLE. Nouvelle édition. 2 vol. grand in-18 . . . . . . 4 fr.

La Croix du Sud, par DEVOILLE. Nouvelle édition. 1 vol. grand in-18 . . 2 fr.

D

Le dernier des Mohicans, par Fenimore COOPER. Traduction nouvelle, édit. corrigée. 1 vol. grand in-18. . . . . 2 fr.

Les deux Moulins suivis des *Marais d'Arles*, par un Professeur. 1 vol. grand in-18 . 2 fr.

Les deux routes de la vie, par G. DE LA LANDELLE. 1 vol. grand in-18 . . . 2 fr.

Le Douanier de mer, par Élie BERTHET. 1 vol. . . . . 2 fr. 50

LES DRAMES DU NOUVEAU-MONDE

Par B.-H. Révoil et Jules-B. d'Auriac.

18 jolis volumes avec couverture illustrée.
Chaque volume. . 2 fr.

(La collection complète : 30 fr. au lieu de 36 fr.

PREMIÈRE SÉRIE.

LA SIRÈNE DE L'ENFER	1 vol.	LES ÉCUMEURS DE MERS	1 vol.
L'ANGE DES PRAIRIES	1 vol.	LA TRIBU DU FAUCON-NOIR	1 vol.
LES PARIAS DU MEXIQUE	1 vol.	LA FILLE DES COMANCHES	1 vol.

DEUXIÈME SÉRIE.

L'ESPRIT BLANC	1 vol.	LE MANGEUR DE POUDRE	1 vol.
LES PIEDS FOURCHUS	1 vol.	RAYON-DE-SOLEIL	1 vol.
L'AIGLE NOIR DES DACOTAHS	1 vol.	LE SCALPEUR DES OTTAWAS	1 vol.

TROISIÈME SÉRIE.

ŒIL DE FEU	1 vol.	LES TERRE D'OR	1 vol.
FORESTIERS DU MICHIGAN	1 vol.	JIM L'INDIEN	1 vol.
CŒUR-DE-PANTHÈRE	1 vol.	CARAVANE DES SOMBREROS	1 vol

La dynastie des Fouchard, par Marin de Livonnière. 1 vol. grand in-18 . . . 2 fr.

E

Les échos de ma Lyre, poésies. 1 beau vol. grand in-18 illustré . . . . 2 fr.

L'Écumeur de mer. Traduction nouvelle, éd. corrigée. 1 vol. grand in-18 . . . . . . 2 fr.

L'Esprit blanc, par Jules B. d'Auriac (voir *Drames du Nouveau-Monde*). 1 vol. in-18 jésus . . . . 2 fr.

L'Étoile du Matin, par Devoille. Nouvelle édition. 1 vol. grand in-18 . . . . . . 2 fr.

L'Étincelle électrique, son histoire, ses applications, par Paul Laurencin (voir

Bibliothèque de la Science Pittoresque). 1 vol. illustré de 97 gravures. . . . 1 fr.

Franco par la poste. . . . . 1 fr. 25

F

La Fiancée de Besançon, par DESOILLE. Nouvelle édition. 2 vol. grand in-18. . . 4 fr.

La Fille au coupeur de paille, par Raoul DE NAVERY. 1 vol. grand in-18 . . . 2 fr.

Les Forestiers du Michigan, par Jules B. D'AURIAC (voir *Drames du Nouveau-Monde*). 1 vol. in-18 jésus. . . . . 2 fr.

Le Fratricide ou *Gilles de Bretagne*, chronique du quinzième siècle, par le vicomte WALSH. 8e édition, revue et corrigée. 2 vol. grand in-18 . . . . 4 fr.

La frégate l'Introuvable, 101e maritime, par G. DE LA LANDELLE. 4e édition. 1 vol. grand in-18 . . . . 1 fr.

G

Les Grands phénomènes de la nature, par H. BENOIST. 1 vol. illustré de 42 gravures (voir *Bibliothèque de la Science Pittoresque*) . . . . 1 fr.

Franco par la poste. . . . . 1 fr. 25

La Guerre d'Amérique, récit d'un soldat du Sud, par Marius FONTANE. 2 vol. avec carte . . . . 4 fr.

H

Les hasards de la vie, par Xavier MARMIER. 1 vol. grand in-18 . . . . . . 2 fr.

Histoires américaines, par Édouard AUGER. 1 vol. in-18 jésus. . . . . . . 2 fr.

Histoire intime, par Mlle Zénaïde FLEURIOT. 1 vol. grand in-18. 2e édition. . 2 fr. 50

Histoire de Jérusalem, par POUJOULAT. 5e édition. 2 vol. grand in-18 . . . 4 fr.

Histoire naturelle de la France, par A. YSABEAU. 1 vol. grand in-18. . . . 2 fr.

Histoire d'un grain de sel, par Henri VILLAIN (voir *Bibliothèque de la science pittoresque*). 1 vol. illustré de 25 gr. 1 fr.

Franco par la poste. . . . . 1 fr. 25

Ouvrage couronné par la Société pour l'instruction élémentaire.

Histoire d'une feuille de papier, par J. PIZZETTA (*Bibliothèque de la Science Pittoresque*). 1 vol. grand in-18, orné de 36 gravures . . . . 1 fr.

Franco par la poste. . . . . 1 fr. 25

Ouvrage couronné par la Société pour l'instruction élémentaire.

Histoire d'un morceau de charbon, par E. HÉMENT (*Bibliothèque de la Science Pittoresque*). 1 vol. in-18 jésus, illustré de 52 gravures . . . . 1 fr.

Franco par la poste. . . . . 1 fr. 25

Ouvrage couronné par la Société pour l'instruction élémentaire.

Histoire d'un morceau de verre, par J. MAGNY (*Bibliothèque de la Science Pittoresque*). 1 vol. grand in-18, illustré de 56 gravures . . . . 1 fr.

Franco par la poste. . . . . 1 fr. 25

Ouvrage couronné par la Société pour l'instruction élémentaire.

Histoire d'un rayon de soleil, par F. PAPILLON (*Bibliothèque de la Science Pittoresque*). 1 vol. grand in-18 illustré de 70 gravures . . . . 1 fr.

Franco par la poste . . . . 1 fr. 25

Histoire du père Ramassis-Ramassat et

du mousse Flageolet, par G. DE LA LANDELLE. 1 vol. grand in-18. . . . . . 1 fr.

L'Homme de feu, par G. DE LA LANDELLE. 1 vol. grand in-18 . . . . 2 fr.

Hygiène et économie domestique, par A. YSABEAU. 1 vol. in-18 jésus . . . . . 2 fr.

I

Iréna ou *la Vierge lyonnaise*, par DEVOILLE. 2 vol. grand in-18 . . . . . 4 fr.

J

Jean Bart et Charles Keyser, par G. DE LA LANDELLE (Études marines). 1 fort vol. grand in-18 jésus . . . . 3 fr. 50

Jean l'Égorgeur, par A. AUFAUVRE. 1 vol. . . . . 2 fr. 50

Jérôme le Trompette, épisode de la guerre de Catalogne (1810), par L. DE BEAUREPAIRE. 2e édition, 1 vol. . . . . . . 2 fr. 50

Jim l'Indien, par Jules B. D'AURIAC (voir *Drames du Nouveau-Monde*). 1 vol. . 2 fr.

Les jumeaux de Lusignan ou *les Petits-Fils de Mélusine*, par Ém. CARPENTIER, illustré par YAN' DARGENT. 1 vol. grand in-18 . . . . 2 fr.

L

Les Lavandières, légende bretonne, par G. D'ÉTHAMPES. 1 vol. . . . . . . 2 fr. 50

La Légion étrangère, deuxième série des *Bohêmes du drapeau*, par A. CAMUS, 1 vol. . . . . 2 fr. 50

Lisa, par Marin DE LIVONNIÈRE. 1 vol. grand in-18 . . . . fr. 50

M

Maison à louer, par Charles DICKENS, traduction de Bénédict-Henry Révoil. 1 vol. 2 fr. 50

Ma Maison, histoire familière de mon corps, par W. HUGUES (*Bibliothèque de la science pittoresque*). 1 vol. in-18 jésus illustré de 48 gr. par J. DUVAUX. 1 fr.

Franco par la poste. . . . . 1 fr. 25

Ouvrage couronné par la Société pour l'instruction élémentaire.

Le Mangeur de Poudre, par Jules B. D'AURIAC (voir *Drames du Nouveau-Monde*). 1 vol. in-18 jésus. . . . . 2 fr.

Manjo le Guerillero (suite de *Jérôme le Trompette*), par L. DE BEAUREPAIRE. 2e édit. 1 vol. . . . . 2 fr. 50

Les Mémoires de mon oncle, par Ch. D'HÉRICAULT. 1 vol. grand in-18 . . . . 2 fr. 50

Mémoires d'une Mère de famille, par DEVOILLE. Nouvelle éd. 1 vol. gr. in-18 2 fr.

Les Millions du cousin Gaspard, par A. DE BRÉHAT. 2 vol. in-18 jésus . . . 4 fr.

Première partie : *Une parenté fatale*. 1 vol.
Deuxième partie : *L'héritage de l'Indoue*. 1 vol.

Mon Sillon, par Mlle Zénaïde FLEURIOT. 1 vol. grand in-18, 3e édition . . . . 2 fr. 50

Le Monde avant le déluge, par J. PIZZETTA (*Bibliothèque de la science pittoresque*). 1 vol. grand in-18 illustré de 102 gravures. . . . . 1 fr.

Franco par la poste. . . . . 1 fr. 25

Les Monstres invisibles, par Aristide ROGER (*Bibliothèque de la science pittoresque*). 1 vol. grand in-18 illustré de 157 gravures . . . . 1 fr.

Franco par la poste. . . . . 1 fr. 25

Ouvrage couronné par la Société pour l'instruction élémentaire.

Le Mouton enragé, par G. DE LA LANDELLE. 1 vol. in-18 jésus, 2e édition. . 2 fr.

N

Notre Passé, par Mlle Zénaïde FLEURIOT. 1 vol. in-18. . . . . 2 fr. 50

Nouveau manuel d'Agriculture, par une société d'Agronomes. 1 vol. . . . . 2 fr.

Nouveaux Quarts de nuit, récits maritimes, par G. DE LA LANDELLE. 3e édit. 1 vol. grand in-18 . . . . 2 fr.

Nouvelles et Voyages, par Antonin RONDELET. 1 vol. grand in-18 . . . . . 2 fr.

O

Océola ou *le roi des Séminoles*, par le capitaine MAYNE-REID. 1 vol. gr. in-18. 2 fr.

L'Odyssée d'Antoine, par Raoul DE NAVERY. 1 vol. grand in-18 . . . . . . 2 fr.

Œil-de-Feu, par Jules B. D'AURIAC (voir *Drames du Nouveau-Monde*). 1 vol. in-18 jésus. . . . . 2 fr.

Or et Misère, par MOLÉRI, 1 vol. grand in-18 jésus. . . . . 2 fr. 50

Otto Gartner, roman intime, par Marin DE LIVONNIÈRE. 3e édit. 1 vol. grand in-18. . . . . 2 fr.

P

Paris pour les marins, par G. DE LA LANDELLE, avec une lettre d'Alexandre Dumas. 1 vol. . . . . 1 fr.

Le Parjure, par DEVOILLE. 1 vol. gr. in-18. 2 fr.

Le Paysan soldat, par le même. 1 vol. grand in-18 . . . . 2 fr.

Les Pieds fourchus, par Jules B. D'AURIAC

(voir *Drames du Nouveau-Monde*). 1 vol. . . . . 2 fr.

Pigeon vole, Aventures en l'air. — Aviation, par G. DE LA LANDELLE. 1 vol. illustré, grand in-18 jésus . . . . 3 fr. 50

Les Pionniers, par Fenimore COOPER. Traduction nouvelle, édit. corrigée. 1 vol. grand in-18. . . . . 2 fr.

La Prisonnière de la Tour, par DEVOILLE. Nouvelle édition. 1 vol. grand in-18 . 2 fr.

Les Prisonniers de la Terreur, par le même. Nouvelle éd. 1 vol. grand in-18. 2 fr.

Le Proscrit, par le même. Nouvelle édit. 1 vol. grand in-18 . . . . 2 fr.

La Pupille du Docteur, par G. D'ÉTHAMPES. 2e édition. 1 vol. . . . . 2 fr. 50

Q

Quarante vérités dites à la cour de Turin, par Étienne SAN POL. 1 vol. grand in-18 jésus. . . . . 3 fr.

Les Quarts de nuit, contes et récits d'un navigateur, par G. DE LA LANDELLE. 5e édition. 1 vol. grand in-18. . . . . 2 fr.

Quatrièmes Quarts de nuit, tablettes navales, par G. DE LA LANDELLE. 1 vol. grand in-18. . . . . 2 fr.

R

Rayon-de-Soleil, par J. B. D'AURIAC (voir *Drames du Nouveau-Monde*). 1 vol. . 2 fr.

Récits des Landes et des Grèves, par Théodore PAVIE. 1 vol. grand in-18 . . . 2 fr. 50

Récits devant l'âtre, par Émile RICHEBOURG. 1 vol. grand in-18 . . . . . 2 fr. 50

Le Réfractaire, par Élie BERTHET. 1 vol. 2 fr. 50

Le Robinson suisse. Traduction nouvelle. 1 vol. grand in-18 . . . . 2 fr.

S

Les Salons d'autrefois, souvenirs intimes, par Mme la comtesse DE BASSANVILLE. Préface de M. Louis ÉNAULT. 4 vol. . 10 fr

PREMIÈRE SÉRIE. — 6e édition.

Madame la princesse de Vaudemont. — Isabey. — Madame la comtesse de Rumfort. — M. de Bourienne. 1 vol.

DEUXIÈME SÉRIE. — 4e édition.

La princesse Bagration. — La comtesse Merlin. — Madame de Mirbel. — Madame Campan. 1 vol.

TROISIÈME SÉRIE. — 3e édition.

Casimir Delavigne. — La marquise d'Osmond. — Kalkbrenner. 1 vol.

QUATRIÈME SÉRIE.

La duchesse de Laviano. — Madame Boscari de Villeplaine. — Madame Orfila. — Pradier. 1 vol.

Chaque série se vend séparément . . . 2 fr. 50

Le Scalpeur des Ottawas, par Jules B. D'AURIAC (voir *Drames du Nouveau-Monde*). 1 vol. in-18 jésus. . . . . . 2 fr.

Scènes de la vie intime, par Mme Dorothée DE BODEN. 1 vol. . . . . 2 fr. 50

Les Secrets de la plage, par J. PIZZETTA (*Bibliothèque de la Science Pittoresque*). 1 vol. grand in-18 illustré de 83 gravures . . . . 1 fr.

Franco par la poste. . . . . 1 fr. 25

Ouvrage couronné par la Société pour l'instruction élémentaire.

Le Siége de Paris, par DEVOILLE. Nouvelle édition. 1 vol. grand in-18 . . 2 fr.

Souvenirs de cinquante ans, par le vicomte WALSH, avec une notice biographique. 2 vol. grand in-18 . . . 4 fr.

Souvenirs historiques, tirés des principaux monuments de Paris, par le même, 3e édition. 1 vol. grand in-18 . . . 2 fr.

Souvenirs d'une vieille culotte de peau.

Les étapes du père La Ramée. 2e édition. 1 vol. . . . . 1 fr.

Les femmes du Régiment. 1 vol. . . 1 fr.

Suez, histoire de la jonction des deux mers par Élie SORIN. 1 vol. accompagné de deux cartes et d'une superbe vue panoramique en couleurs . . . . 2 fr.

Sur l'eau, à la Montagne, dans la plaine, Feuillets d'herbier, par CH. DE FRANCIOSI. 1 vol. petit in-8. . . . . . . 2 fr. 50

T

Tableau poétique des Fêtes chrétiennes, par le vicomte WALSH. Nouvelle édit. 1 vol. grand in-18 . . . . 2 fr.

Tableau poétique de la Foi, par le même. Nouvelle édition. 3 vol. grand in-18 . 6 fr.

Tableau poétique des Sacrements, par le même. Nouvelle édit. 2 vol. gr. in-18 4 fr.

Le Terroriste, par DEVOILLE. 1 vol. gr. in-18. . . . . 2 fr.

Les Terres d'or, par Jules B. D'AURIAC (voir *Drames du Nouveau-Monde*). 1 vol. 2 fr.

Le Trésor de la Maison, par la comtesse DE BASSANVILLE. 2 vol. grand in-18. 4 fr.
Franco par la poste. . . . . 4 fr. 50

Première partie : *Guide des Femmes économes*.
1 volume. . . . . 2 fr.
Franco par la poste. . . . . 2 fr. 25

Deuxième partie : *Guides des mères de Famille.* 1 volume . . . . 2 fr.
Franco par la poste. . . . . 2 fr. 25

Trois ans d'esclavage chez les Patagons. Récit de ma captivité, par A. GUINNARD. Un vol. avec carte et portrait gravé sur acier. 3e édit. . . . . 3 fr. 50

Troisièmes Quarts de nuit, contes d'un marin, par G. DE LA LANDELLE. 2e édit. 1 vol. grand in-18. . . . . . . 2 fr.

Trois jeunes naturalistes, par le capitaine MAYNE-REID, traduit par Allyre Bureau. 1 vol. grand in-18 . . . , . 2 fr.

Le Tueur de daims, par Fenimore COOPER. Traduction nouvelle, édition corrigée. 1 vol. grand in-18 . . . . 2 fr.

U

Une année de la vie d'une femme, par Mlle Zénaïde FLEURIOT. 2e édition. 1 vol. grand in-18 . . . . 2 fr. 50

Une chaîne invisible, par Mlle Zénaïde FLEURIOT. 2e édition. 1 vol. gr. in-18. 2 fr. 50

Une chienne d'habitude, histoire d'un grognard d'eau salée, par G. DE LA LANDELLE. 1 vol. grand in-18 . . . . 1 fr.

Un curé de campagne, par Hippolyte LANGLOIS. 1 vol. grand in-18. . . . . 2 fr. 50

Un gentilhomme catholique, par Ch. D'HÉRICAULT. 1 vol. in-18. . . . . . 2 fr.

Un médecin sous la Terreur, par Edmond LAFOND. 1 vol. grand in-18 . . . . . 2 fr.

Un Rêve, par DEVOILLE. 1 vol. gr. in-18 2 fr.

Un Rêve de Bonheur, par Louis KERMELEUC. 1 vol. grand in-18. . . . . . 2 fr.

Un voyage à Pékin. Souvenirs de l'expédition de Chine, par G. DE KÉROULLÉE. 1 vol. . . . . 2 fr. 50

V

La vie d'un brin d'herbe, par Jules MACÉ. (*Bibliothèque de la Science Pittoresque*). 1 vol. grand in-18, illustré de 161 gr. 1 fr.
Franco par la poste. . . . . 1 fr. 25
Ouvrage couronné par la Société pour l'instruction élémentaire.

Voyage en Algérie, par POUJOULAT Nouvelle édition. 1 vol. grand in-18. . . 2 fr.

Voyage sous les flots, rédigé d'après le journal de bord de « *l'Éclair* » par A. ROGER. (*Bibliothèque de la Science Pittoresque*), 1 vol. in-18 jésus ill. de 22 gr. 1 fr.
Franco par la poste. . . . . 1 fr. 25
Ouvrage couronné par la Société pour l'instruction élémentaire.

Veillées Militaires, par BALLEYDIER. Nouvelle édition. 1 vol. grand in-18 . 2 fr.

Veillées de Famille, par le même. Nouvelle édition. 1 vol. grand in-18. . . 2 fr.

Veillées Maritimes, par le même. Nouvelle édition. 1 vol. grand in-18. . . 2 fr.

Veillées du Peuple, par le même. Nouvelle édition. 1 vol. grand in-18. . . 2 fr.

Veillées de Vacances, par le même. Nouvelle édition. 1 vol. grand in-18. . . 2 fr.

Veillées du Presbytère, par le même. Nouvelle édition. 1 vol. grand in-18. . . 2 fr.

Vengeance ou *une Scène au désert*, par DEVOILLE. Nouvelle éd. 2 vol. gr. in-18 4 fr.

Les Victimes, par le même. 2 vol. gr. in-18 4 fr.

Y

Yvon le breton ou *Souvenirs d'un soldat des armées catholiques*, par le vicomte WALSH. 2e édition. 1 vol. grand in-18. 2 fr.

120 211

PUBLICATIONS PÉRIODIQUES

QUINZIÈME ANNÉE

LE COURRIER DES FAMILLES

JOURNAL

DE LA SANTÉ, DES INTÉRÊTS DOMESTIQUES

et

DE LA VIE A BON MARCHÉ

52 numéros de 12 pages très-grand in-4° chaque année

LE PLUS COMPLET, LE MOINS CHER, LE MIEUX RÉDIGÉ

de tous les journaux de famille.

Le COURRIER DES FAMILLES publie des articles sur :

L'ÉDUCATION morale et physique.

L'ÉCONOMIE DOMESTIQUE : Art de tenir une maison, recettes de ménage et d'office, menus économiques, guide des achats à bon marché, art de donner à dîner etc.

L'HYGIÈNE : Médecine et pharmacie de la Famille, gymnastique des enfants, soins des malades, des vieillards et des enfants etc.

SCIENCES VULGARISÉES : Histoire naturelle, physique, etc. etc.

LE JARDINAGE : Parterre, potager, jardins d'appartements.

LA LITTÉRATURE : Nouvelles, romans, voyages.

LES JEUX : Jeux d'esprit, et de salon, logogriphes, énigmes, devinettes, charades, anecdotes.

Rédigés par Mesdames :

La comtesse de BASSANVILLE. — ZÉNAÏDE FLEURIOT. — ETIENNE MARCEL. — DOROTHÉE DE BODEN. — O. D'ÉTHAMPES. — LÉONTINE ROUSSEAU, etc., etc.

Et par Messieurs :

G. DE LA LANDELLE. — TH. PAVIE. — MARIN DE LIVONNIÈRE. — RAOUL DE NAVERY. — J. PIZZETTA. — PAUL LAURENCIN. — DE LA BLANCHÈRE. — ARISTIDE ROGER. — Henry RÉVOIL. — Les docteurs J. RENGADE, GUYÉTANT, etc., etc.

Paris et les départements 8 fr. par an : Étranger le port en sus.

Les abonnements se prennent pour un an à partir du 1er Janvier et du 1er Juillet.

CAUSERIES FAMILIÈRES

SUR

LES SCIENCES, LES ARTS ET LA LITTÉRATURE

Par Madame la comtesse DE BASSANVILLE

Avec le concours des premiers professeurs

DEUXIÈME ANNÉE

1 numéro mensuel de 16 pages grand in-8° sur beau papier glacé et satiné.

6 fr. par an. — Étranger le port en sus.

Les abonnements se prennent pour un an à partir du 15 Novembre.

---

132 — Abbeville. — Imp. Briez, C. Paillart et Retaux

www.ingramcontent.com/pod-product-compliance
Ingram Content Group UK Ltd.
Pitfield, Milton Keynes, MK11 3LW, UK
UKHW022054260726
13993UKWH00001B/114